January 18, 1999

What do I consider my most important Contributions?

- That I early on—almost sixty years ago—realized that MANAGEMENT has become the constitutive organ and function of the <u>Society of Organizations</u> ;

- That MANAGEMENT is not "Business Management- though it first attained attention in business- but the governing organ of ALL institutions of Modern Society;

- That I established the study of MANAGEMENT as a DISCIPLINE in its own right;

    and

- That I focused this discipline on People and Power; on Values; Structure and Constitution; AND ABOVE ALL ON RESPONSIBILITIES- that is focused the <u>Discipline of Management</u> on Management as a truly LIBERAL ART.

Peter F. Drucker

我认为我最重要的贡献是什么？

- 早在60年前，我就认识到管理已经成为组织社会的基本器官和功能；

- 管理不仅是"企业管理"，而且是所有现代社会机构的管理器官，尽管管理一开始就将注意力放在企业；

- 我创建了管理这门学科；

- 我围绕着人与权力、价值观、结构和方式来研究这一学科；尤其是围绕着责任。管理学科是把管理当做一门真正的综合艺术。

彼得·德鲁克
1999年1月18日

注：资料原件打印在德鲁克先生的私人信笺上，并有德鲁克先生亲笔签名，现藏美国德鲁克档案馆。为纪念德鲁克先生，本书特收录这一珍贵资料。本资料由德鲁克管理学专家那国毅教授提供。

彼得·德鲁克和妻子多丽丝·德鲁克

德鲁克妻子多丽丝寄语中国读者

在此谨向广大的中国读者致以我诚挚的问候。本书深入介绍了德鲁克在管理领域方面的多种理念和见解。我相信他的管理思想得以在中国广泛应用，将有赖出版及持续的教育工作,令更多人受惠于他的馈赠。

盼望本书可以激发各位对构建一个令人憧憬的美好社会的希望，并推动大家在这一过程中积极发挥领导作用，他的在天之灵定会备感欣慰。

Doris Drucker

本页照片和多丽丝寄语原文与亲笔签名由彼得·德鲁克管理学院提供

知识社会

[美] 彼得·德鲁克 著

赵巍 译

Post-Capitalist
Society

彼得·德鲁克全集

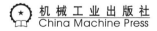

机械工业出版社
China Machine Press

图书在版编目（CIP）数据

知识社会 /（美）彼得·德鲁克（Peter F. Drucker）著；赵巍译 . -- 北京：机械工业出版社，2021.1（2021.4 重印）

（彼得·德鲁克全集）

书名原文：Post-Capitalist Society

ISBN 978-7-111-67241-8

I. ①知… II. ①彼… ②赵… III. ①知识社会学 IV. ① C912.67

中国版本图书馆 CIP 数据核字（2021）第 016363 号

本书版权登记号：图字 01-2013-6466

知识社会

出版发行：机械工业出版社（北京市西城区百万庄大街 22 号　邮政编码：100037）

责任编辑：李文静　　闫广文　　　　　　　　责任校对：李秋荣

印　　刷：大厂回族自治县益利印刷有限公司　　版　　次：2021 年 4 月第 1 版第 2 次印刷

开　　本：170mm×230mm　1/16　　　　　　印　　张：15.5

书　　号：ISBN 978-7-111-67241-8　　　　　　定　　价：69.00 元

客服电话：（010）88361066　88379833　68326294　　投稿热线：（010）88379007

华章网站：www.hzbook.com　　　　　　　　　　读者信箱：hzjg@hzbook.com

功能正常的社会和博雅管理

为"彼得·德鲁克全集"作序

享誉世界的"现代管理学之父"彼得·德鲁克先生自认为，虽然他因为创建了现代管理学而广为人知，但他其实是一名社会生态学者，他真正关心的是个人在社会环境中的生存状况，管理则是新出现的用来改善社会和人生的工具。他一生写了 39 本书，只有 15 本书是讲管理的，其他都是有关社群（社区）、社会和政体的，而其中写工商企业管理的只有两本书（《为成果而管理》和《创新与企业家精神》）。

德鲁克深知人性是不完美的，因此他认为人所创造的一切事物，包括人所设计的社会，也不可能完美。他对社会的期待和理想并不高，那只是一个较少痛苦，还可以容忍的社会。不过，它还是要有基本的功能，为生活在其中的人提供可以正常生活和工作的条件。这些功能或条件，就好像一个生命体必须具备的正常生命特征，没有它们社会也就不成其为社会了。值得留意的是，社会并不等同于"国家"，因为"国"（政府）和"家"（家庭）不可能提供一个社会全部必要的职能。在德鲁克眼里，功能正常的社会至少要由三大类组织组成——政府、企业和非营利组织，它们各自发挥不同性质的作用，每一类、每一个组织中都要有能解决问题、令组织创造出独特绩效的权力中心和决策机制，这个权力中心和决策机制同时要让组织里的每个人各得其所，既有所担当、做出贡献，又得到生计和身份、地位。这些在过去的国家中从来没有过的权力中心和决策机制，或者说新的"政体"，就是"管理"。德鲁克把企业和非营利组织中的管理体制与政府的统治体制统称为"政体"，是因为它们都掌握权力，但是，这是两种性质截然不同的权力。企业和非营利组织所掌握的，是为了提供特定的产品和服务而调配社会资源的权力，政府所拥有的，则是涉及整个社会公平的维护、正义的裁夺和干预的权力。

在美国克莱蒙特大学附近，有一座小小的德鲁克纪念馆。走进这座用他的故居改成的纪念馆，正对客厅入口的显眼处有一段他的名言：

> 在一个由多元的组织所构成的社会中，使我们的各种组织机构负责任地、独立自治地、高绩效地运作，是自由和尊严的唯一保障。有绩效的、负责任的管理是对抗和替代极权专制的唯一选择。

当年纪念馆落成时，德鲁克研究所的工作人员问自己，如果要从德鲁克的著作中找出一段精练的话，来概括这位大师的毕生工作对我们这个世界的意义，会是什么。他们最终选用了这段话。

如果你了解德鲁克的生平，了解他的基本信念和价值观形成的过程，你一定会同意他们的选择。从他的第一本书《经济人的末日》到他独自完成的最后一本书《功能社会》之间，贯穿着一条抵制极权专制、捍卫个人自由和尊严的主线。这里极权的极是极端的极，不是集中的集。极权和集权，两个词虽只有一字之差，其含义却有着重大区别。人类历史上由来已久的中央集权统治直到 20 世纪才有条件变种成极权主义。极权主义所谋求的，是从肉体到精神，全面、彻底地操纵和控制人类的每一个成员，把他们改造成实现个别极权主义者梦想的人形机器。20 世纪给人类带来最大灾难和伤害的战争和运动，都是极权主义的"杰作"，德鲁克在青年时代所经历的希特勒纳粹主义正是其中之一。要了解德鲁克的经历怎样影响了他的信念和价值观，最好去读他的《旁观者》；要弄清什么是极权主义和为什么大众会拥护它，可以去读汉娜·阿伦特 1951 年出版的《极权主义的起源》。

　　好在历史的演变并不总是令人沮丧。工业革命以来，特别是从 1800 年开始，最近这 200 多年来生产力加速度提高，不但造就了物质的极大丰富，还带来了社会结构的深刻改变，这就是德鲁克早在 80 年前就敏锐地洞察到和指出的多元的、组织型的新社会的形成：新兴的企业和非营利组织填补了由来已久的"国"（政府）和"家"（家庭）之间的断层和空白，为现代国家提供了真正意义上的种种社会功能。在这个基础上，教育的普及和知识工作者的崛起，正在造就知识经济和知识社会，而信息科技成为这一切变化的加速器。要特别说明，"知识工作者"是德鲁克创造的一个称谓，泛指具备和应用专门知识从事生产工作，为社会创造出有用的产品和服务的人群，这既包括企业家和在任何机构中的管理者、专业人士和技工，也包括社会上的独立执业人士，如会计师、律师、咨询师、培训师等。在 21 世纪的今天，由于知识的应用领域一再被扩大，个人和个别机构不再是孤独无助的，他们因为掌握了某项知识，就拥有了选择的自由和影响他人的权力。知识工作者和由他们组成的知识型组织不再是传统的知识分子和组织。知识工作者最大的特点就是他们的独立自主，可以主动地整合资源、创造价值，促成经济、社会、文化甚至政治层面的改变，而传统的知识分子只能依附于当时的统治当局，在统治当局提供的平台上才能有所作为。这是一个划时代的、意义深远的变化，这个变化不仅发生在西方发达国家，也发生在发展中国家。

在一个由多元组织构成的社会中，拿政府、企业和非营利组织这三类组织相互比较，企业和非营利组织因为受到市场、公众和政府的制约，它们的管理者不可能像政府那样走上极权主义统治，这是它们在德鲁克看来比政府更重要、更值得寄予希望的原因。尽管如此，它们仍然可能因为管理缺位或者管理失当，例如官僚专制，不能达到德鲁克期望的"负责任地、高绩效地运作"，从而为极权专制垄断社会资源让出空间、提供机会。在所有组织中，包括在互联网时代虚拟的工作社群中，知识工作者的崛起既为新的管理方式提供了基础和条件，也对传统的"胡萝卜加大棒"管理方式带来了挑战。德鲁克正是因应这样的现实，研究、创立和不断完善现代管理学的。

1999 年 1 月 18 日，德鲁克接近 90 岁高龄，在回答"我最重要的贡献是什么"这个问题时，他写了下面这段话：

> 我着眼于人和权力、价值观、结构和规范来研究管理学，而在所有这些之上，我聚焦于"责任"，那意味着我把管理学当作一门真正的"博雅技艺"来看待。

给管理学冠上"博雅技艺"的标识是德鲁克的首创，反映出他对管理的独特视角，这一点显然很重要，但是在他众多的著作中却没找到多少这方面的进一步解释。最完整的阐述是在他的《管理新现实》一书第 15 章

第五小节，这节的标题就是"管理是一种博雅技艺"：

　　30 年前，英国科学家兼小说家斯诺（C. P. Snow）曾经提到当代社会的"两种文化"。可是，管理既不符合斯诺所说的"人文文化"，也不符合他所说的"科学文化"。管理所关心的是行动和应用，而成果正是对管理的考验，从这一点来看，管理算是一种科技。可是，管理也关心人、人的价值、人的成长与发展，就这一点而言，管理又算是人文学科。另外，管理对社会结构和社群（社区）的关注与影响，也使管理算得上是人文学科。事实上，每一个曾经长年与各种组织里的管理者相处的人（就像本书作者）都知道，管理深深触及一些精神层面关切的问题——像人性的善与恶。

　　管理因而成为传统上所说的"博雅技艺"（liberal art）——是"博雅"（liberal），因为它关切的是知识的根本、自我认知、智慧和领导力，也是"技艺"（art），因为管理就是实行和应用。管理者从各种人文科学和社会科学中——心理学和哲学、经济学和历史、伦理学，以及从自然科学中，汲取知识与见解，可是，他们必须把这种知识集中在效能和成果上——治疗病人、教育学生、建造桥梁，以及设计和销售容易使用的软件程序等。

　　作为一个有多年实际管理经验，又几乎通读过德鲁克全部著作的人，我曾经反复琢磨为什么德鲁克要说管理学其实是一门"博雅技艺"。最终，我意识到这并不仅仅是一个标新立异的溢美之举，而是在为管理定性，它揭示了管理的本质，提出了所有管理者努力的正确方向。这至少包括了以下几重含义：

第一，管理最根本的问题，或者说管理的要害，就是管理者和每个知识工作者怎么看待与处理人和权力的关系。德鲁克是一位基督徒，他的宗教信仰和他的生活经验相互印证，对他的研究和写作产生了深刻的影响。在他看来，人是不应该有权力（power）的，只有造人的上帝或者说造物主才拥有权力，造物主永远高于人类。归根结底，人性是软弱的，经不起权力的引诱和考验。因此，人可以拥有的只是授权（authority），也就是人只是在某一阶段、某一事情上，因为所拥有的品德、知识和能力而被授权。不但任何个人是这样，整个人类也是这样。民主国家中"主权在民"，但是人民的权力也是一种授权，是造物主授予的，人在这种授权之下只是一个既有自由意志又要承担责任的"工具"，是造物主的工具而不能成为主宰，不能按自己的意图去操纵和控制自己的同类。只有认识到这一点，人才会谦卑而且有责任感，才会以造物主才能够掌握而人类只能被其感召和启示的公平正义去时时检讨自己，也才会甘愿把自己置于外力强制的规范和约束之下。

第二，尽管人性是不完美的，但是人彼此平等，都有自己的价值，都有自己的创造能力，都有自己的功能，都应该被尊敬，而且都应该被鼓励去创造。美国的《独立宣言》和宪法中所说的"人生而平等""每个人都有与生俱来、不证自明的权利（rights）"，正是从这一信念而来的，这也是德鲁克的管理学之所以可以有所作为的根本依据。管理者是否相信每个人都有善意和潜力？是否真的对所有人都平等看待？这些基本的或者说核心的价值观和信念，最终决定他们是否能和德鲁克的学说发生感应，是否真的能理解和实行它。

第三，在知识社会和知识型组织里，每一个工作者在某种程度上，都既是知识工作者，也是管理者，因为他可以凭借自己的专门知识对他人和组织产生权威性的影响——知识就是权力。但是，权力必须和责任捆绑在一起。而一个管理者是否负起了责任，要以绩效和成果做检验。凭绩效和成果问责的权力应当是正当和合法的权力，也就是授权（authority），否则就成了德鲁克所坚决反对的强权（might）。绩效和成果之所以重要，是因为它们不但在经济和物质层面，而且在心理层面，都会对人们产生影响。管理者和领导者如果持续不能解决现实问题，大众在彻底失望之余，会转而选择去依赖和服从强权，同时甘愿交出自己的自由和尊严。这就是为什么德鲁克一再警告，如果管理失败，极权主义就会取而代之。

第四，除了让组织取得绩效和成果，管理者还有没有其他的责任？或者换一种说法，绩效和成果仅限于可量化的经济成果和财富吗？对一家工商企业来说，除了为客户提供价廉物美的产品和服务、为股东赚取合理的利润，能否同时成为一个良好的、负责任的"社会公民"，能否同时帮助自己的员工在品格和能力两方面都得到提升呢？这似乎是一个太过苛刻的要求，但它是一个合理的要求。我个人在十多年前，和一家这样要求自己的后勤服务业的跨国公司合作，通过实践认识到这是可能的。这意味着我们必须学会把伦理道德的诉求和经济目标，设计进同一个工作流程、同一套衡量系统，直至每一种方法、工具和模式中。值得欣慰的是，今天有越来越多的机构开始严肃地对待这个问题，在各自的领域做出肯定的回答。

第五，"作为一门博雅技艺的管理"或称"博雅管理"，这个讨人喜爱的中文翻译有一点儿问题，从翻译的"信、达、雅"这三项专业要求来看，雅则雅矣，信则不足。liberal art 直译过来应该是"自由技艺"，但最早的繁体字中文版译成了"博雅艺术"，这可能是想要借助它在汉语中的褒义，我个人还是觉得"自由技艺"更贴近英文原意。liberal 本身就是自由之意。art 可以译成艺术，但管理是要应用的，是要产生绩效和成果的，所以它首先应该是一门"技能"。此外，管理的对象是人们的工作，和人打交道一定会面对人性的善恶，面对人的千变万化的意念——感性的和理性的，从这个角度来看，管理又是一门涉及主观判断的"艺术"。所以，art 其实更适合解读为"技艺"。liberal——自由，art——技艺，把两者合起来就是"自由技艺"。

最后我想说的是，我之所以对 liberal art 的翻译这么咬文嚼字，是因为管理学并不像人们普遍认为的那样，是一个人或者一个机构的成功学。它不是旨在让一家企业赚钱，在生产效率方面达到最优，也不是旨在让一家非营利组织赢得道德上的美誉。它旨在让我们每个人都生存在其中的人类社会和人类社群（社区）更健康，使人们较少受到伤害和痛苦。它旨在让每个工作者，按照他与生俱来的善意和潜能，自由地选择他自己愿意在这个社会或社区中所承担的责任；自由地发挥才智去创造出对别人有用的价值，从而履行这样的责任；并且在这样一个创造性工作的过程中，成长为更好和更有能力的人。这就是德鲁克先生定义和期待的，管理作为一门"自由技艺"（或者"博雅管理"）的真正的含义。

邵明路

彼得·德鲁克管理学院创办人

跨越时空的管理思想

20多年来，机械工业出版社华章公司关于德鲁克先生著作的出版计划在国内学术界和实践界引起了极大的反响，每本书一经出版便会占据畅销书排行榜，广受读者喜爱。我非常荣幸，一开始就全程参与了这套丛书的翻译、出版和推广活动。尽管这套丛书已经面世多年，然而每次去新华书店或是路过机场的书店，总能看见这套书静静地立于书架之上，长盛不衰。在当今这样一个强调产品迭代、崇尚标新立异、出版物良莠难分的时代，试问还有哪些书能做到这样呢？

如今，管理学研究者们试图总结和探讨中国经济与中国企业成功的奥秘，结论众说纷纭，莫衷一是。我想，企业成功的原因肯定是多种多样的。中国人讲求天时、地利、人和，缺一不可，其中一定少不了德鲁克先生著作的启发、点拨和教化。从中国老一代企业家（如张瑞敏、任正非）及新一代的优秀职业经理人（如方洪波）的演讲中，我们常常可以听到来自先生的真知灼见。在当代管理学术研究中，我们也可以常常看出先生的思想指引和学术影响。我常常对学生说，当你不能找到好的研究灵感时，可以去翻翻先生的著作；当你对企业实践困惑不解时，也可以把先生的著作放在床头。简言之，要想了解现代管理理论和实践，首先要从研读德鲁克先生的著作开始。基于这个原因，1991 年我从美国学成回国后，在南京大学商学院图书馆的一角专门开辟了德鲁克著作之窗，并一手创办了德鲁克论坛。至今，我已在南京大学商学院举办了 100 多期德鲁克论坛。在这一点上，也要感谢机械工业出版社华章公司为德鲁克先生著作的翻译、出版和推广付出的辛勤努力。

在与企业家的日常交流中，当发现他们存在各种困惑的时候，我常常推荐企业家阅读德鲁克先生的著作。这是因为，秉持奥地利学派的一贯传统，德鲁克先生总是将企业家和创新作为著作的主题之一。他坚持认为："优秀的企业家和企业家精神是一个国家最为重要的资源。"在企业发展过程中，企业家总是面临着效率和创新、制度和个性化、利润和社会责任、授权和控制、自我和他人等不同的矛盾或冲突。企业家总是在各种矛盾或冲突中成长和发展。现代工商管理教育不但需要传授建立现代管理制度的基本原理和准则，也要培养一大批具有优秀管理技能的职业经理人。一个有效的组织既离不开良好的制度保证，也离不开有效的管理者，两者缺一不可。这是因为，一方面，企业家需要通过对管理原则、责任和实践进行研究，探索如何建立一个有效的管理机制和制度，而衡量一个管理制度是否有效的标准就在于该制度能否将管理者个人特征的影响降到最低限度；另一方面，一个再高明的制度，如果没有具有职业道德的员工和管理者的遵守，也很容易土崩瓦解。换言之，一个再高效的组织，如果缺乏有效的管理者和员工，组织的效率也不可能得到实现。虽然德鲁克先生的大部分著作是有关企业管理的，但是我们可以看到自由、成长、创新、多样化、多元化的思想在其著作中是一以贯之的。正如德鲁克在《旁观者》一书的序言中所阐述的，"未来是'有机体'的时代，由任务、目的、策略、社会的和外在的环境所主导"。很多人喜欢德鲁克提出的概念，但是德鲁克说，"人比任何概念都有趣多了"。德鲁克本人虽然只是管理的旁观者，但是他对企业家工作的理解、对管理本质的洞察、对人性复杂性的观察，鞭辟入里、入木三分，这也许就是企业家喜爱他的著作的原因吧！

德鲁克先生从研究营利组织开始，如《公司的概念》（1946年），到研究非营利组织，如《非营利组织的管理》（1990年），再到研究社会组织，如《功能社会》（2002年）。虽然德鲁克先生的大部分著作出版于20世纪六七十年代，然而其影响力却历久弥新。在他的著作中，读者很容易找到许多最新的管理思想的源头，同时不难获悉许多在其他管理著作中无法找到的"真知灼见"，从组织的使命、组织的目标以及工商企业与服务机构的异同，到组织绩效、富有效率的员工、员工成就、员工福利和知识工作者，再到组织的社会影响与社会责任、企业与政府的关系、管理者的工作、管理工作的设计与内涵、管理人员的开发、目标管理与自我控制、中层管理者和知识型组织、有效决策、管理沟通、管理控制、面向未来的管理、组织的架构与设计、企业的合理规模、多元化经营、多国公司、企业成长和创新型组织等。

30多年前在美国读书期间，我就开始阅读先生的著作，学习先生的思想，并聆听先生的课堂教学。回国以后，我一直把他的著作放在案头。尔后，每隔一段时间，每每碰到新问题，就重新温故。令人惊奇的是，随着阅历的增长、知识的丰富，每次重温的时候，竟然会生出许多不同以往的想法和体会。仿佛这是一座挖不尽的宝藏，让人久久回味，有幸得以伴随终生。一本著作一旦诞生，就独立于作者、独立于时代而专属于每个读者，不同地理区域、不同文化背景、不同时代的人都能够从中得到启发、得到教育。这样的书是永恒的、跨越时空的。我想，德鲁克先生的著作就是如此。

　　特此作序，与大家共勉！

南京大学人文社会科学资深教授、商学院名誉院长

博士生导师

2018 年 10 月于南京大学商学院安中大楼

打开知识社会大门的金钥匙

如果一本书，能让你在几年、十几年甚至更长久的时间后，依然愿意阅读或反复阅读，而且每次阅读依然能给你带来震撼和启发，依然能给你带来指导和启示，那么，可以说这本书一定是一本好书。

世界著名的社会生态学家、管理学科开创者彼得·德鲁克先生所著的《知识社会》就是一本这样的经典佳作。

不能不承认，有些人具有能够透视未来的眼睛。1791年，作为美国开国元勋之一的亚历山大·汉密尔顿提出，基于机器的生产正迅速成为经济活动的中心。这在当时来说，是一个非常大胆的判断。他在1791年发表的《制造业报告》，全面系统地提出了发展美国制造业的政策和措施，指出了人类经济的这一重大发展趋势。几十年后，他的判断被人们清晰地看到正在成为现实。《制造业报告》与汉密尔顿提出的其他三份关于国债、税收制度和建立银行的报告一起，奠定了美国走向强国的基础。

彼得·德鲁克先生在20世纪90年代对知识社会的详细分析和预测，同样是非常大胆和准确的，以至于每当我对照他多年前的判断时，常常会忍不住赞叹。

基于种种固有的局限性，人们更喜欢"术"而忽略"道"。其实，道才是能给我们带来突破的根本和强大力量。如果我们清晰地知道，知识社会正在发生或者将要发生什么样的变革，正在或者将要朝着哪个方向行进，那么，我们就能更准确地做出与大趋势相匹配的决策，我们的行为就会不自觉地进行调整以更好地顺势而为。彼得·德鲁克先生所著的《知识社会》，就是一本能够帮助我们认清大环境，更好地指导我们行为的佳作。

在知识社会，一个国家，只要它拥有设计和营销产品的知识工作者，即便将制造业转移到海外，它仍然可以毫不费力地生产出低成本、高质量的产品。美国苹果公司的成功，就很好地证明了这一判断的前瞻性和准确性。最早认识到这一理论重要性的国家是日本。作为一个地少人多、资源匮乏的国家，日本的短板是显而易见的。然而，日本在知识社会，却因为这一超前的判断而获得了巨大成功。

当知识被运用到生产中，它的效果也是显而易见的。比如，投资者如果分析美国的钢铁行业就会发现，美国大型钢铁企业亏损惨重，而一些小型钢铁厂则具有很好的效益。细究原因就会发现，美国的这些小型钢铁厂没有按照传统的流程费时费力地去生产，而是直接从废钢开始，它们将知识甚至先进的计算机技术运用到生产中，获得了更好的经济效益。

在知识社会，一个残酷而严峻的现实是，一些传统的缺乏技术含量的体力劳动的岗位正在快速被淘汰。为了改变底层工作者收入低的现状，美国的拜登政府正推动大幅度提高最低工资标准来增加这些人的收入。但是，这样做的结果，却可能适得其反。它将加快机器人替代普通人力的步伐，或者，促使一些效益不太好的企业尤其是传统的服务性的企业进一步裁员，从而，导致底层工作者的生活境况变得更加艰难。在知识社会，提高底层工作者收入的正确做法，应该是借助知识时代便捷的教育途径，提升工人等基层工作者的劳动技能，使他们能够融入知识社会，而不是被知识社会边缘化甚至被淘汰。

认清知识社会的特征，认清我们所处的时代，可以帮助我们更轻而易举地洞悉很多刚刚发生甚至正在发生的事情。比如，美国散户在游戏驿站（GameStop）上的逼空行为，导致华尔街的明星对冲基金 Melvin Capital 一度被逼到濒临破产的地步。这种事情为什么会在今天发生？如果您阅读过彼得·德鲁克先生所著的《知识社会》，就很容易理解了。在知识社会时代，人的组织体系、管理结构都发生了改变。举个例子，在交响乐团中，数百名技艺精湛的音乐家一起合奏，但只有一名管理者是总指挥。在这样的组织中，除了总指挥以外，从上至下再无其他中层的管理者，大家都井井有条地演奏，表达自己对音乐的理解和感受。在股票市场，散户是一个个分散的个体，但是，当有人像乐队总指挥一样站出来的时候，散户们在某个时间段也能突然有条不紊地行动起来，从而，让一些资本大鳄被打个措手不及，损失惨重。

在知识社会时代，人们的行为方式发生了巨大改变。

个人要转型，企业要转型，国家也要转型。20 世纪的两次世界大战，使民族国家转变成"财政国家"——"政府几乎可以无限制地榨取人民的财富"。早在 1918 年，熊彼特就曾发出警告：财政国家最终一定会腐蚀政府的执政能力。彼得·德鲁克先生举了英国和美国的例子。他说：政府直接管理的医院或提供的医疗服务，问题层出不穷。与其他国家一样，英国医院的医疗成本一直在持续攀升。政府作为医院的实际运营者是如此的无能，以至于英国国家卫生署鼓励将医院承包出去。而在美国约翰逊总统的"向贫穷开战"计划中，所有由政府自己经营管理的项目，全都失败了，而当政府将这些项目承包出去，则很多都成功了。在知识经济时代，如果政府不及时按照知识社会的要求及时转型，它就无法适应这个时代的发展。我们看到，最近几年，越来越多的国家在选举中出现了激烈的对立局面，这与政客们对政府定位紊乱使其无法与知识社会的要求相匹配不无关系。

彼得·德鲁克先生认为："今后几十年，对政治勇气、政治想象力、政治创新和政治领导力的要求之高，一定是前所未有的，而这需要政府有超强的能力。这些要求既有外在的，也有内在的。"但问题是，越来越多的政客在迎合民众而不是试图成为改革的中流砥柱，而民众日益急功近利的浮躁也促使政客们的行为越来越短视，越来越远离民众的期望。

彼得·德鲁克先生指出："政府亟须重新获得防止出现经济大萧条的能力。以往出现经济大萧条时，政府都会增加支出以拉动消费，但这种办法已经被证明无济于事。"这种判断是极具前瞻性的。现在的问题是，政府通过无节制的财政刺激计划，正在背负起日益沉重的债务压力，从而，使得当今的政府债务超越历史上的任何一个时期，甚至超越历史上其他时期负债的总和。仅 2020 年一年的债务累积，就达到了不可思议的程度。就连最谨慎的学者，也开始对这种风险的高速累积，不得不报以警惕。当这些风险累积到一定程度，人类将面临史无前例的债务危机大爆发。

在《知识社会》一书中，有很多非常睿智的观点，令人耳目一新，难以忘怀。比如，彼得·德鲁克先生指出：光有爱国主义精神是不够的，我们还需要有公民意识（citizenship）。公民意识是什么？公民意识就是愿意为国家做出贡献。也就是说，更愿意为国家而"生"，而不是为国家而"死"。

《知识社会》是一本值得多读几遍的好书。当这个急功近利的浮躁时代，静心读一本书越来越成为一种奢侈的生活，而我们不妨从阅读《知识社会》开始，享受这种奢侈生活所带来的快乐吧。

时寒冰

知名经济趋势研究者、

著有《时寒冰说：未来二十年，经济大趋势》等畅销书

曾获"中国资本市场 20 周年最具影响力财经传媒人"等大奖

2021 年 2 月 18 日

变　革

　　在西方历史中，每隔几百年就会有一次急剧的变革。我在之前出版的一本书[^一]中称之为"时代分水岭"（divide）。短短几十年内，社会对其自身，它的世界观、基本价值观、社会与政治结构、人文学科以及重要机构等，进行了重组。50 年后，又会出现一个新世界。此时出生的人已经无法想象过去父辈、祖辈出生和成长的时代风貌了。

　　如今，我们就生活在这样的变革中。它正在创造"知识社会"，这正是本书所要探讨的主题。

　　13 世纪曾发生过这样的变革：当时的欧洲几乎一夜之间就转向了以新兴城市为中心的格局。此时开始出现的城市行会（guilds），成为新兴的社会统治团体；长途贸易开始复兴；哥特式（Gothic）建筑显赫地耸立于城市中央，成为资产阶级的象征；锡耶纳（Sienese）画派作品开始流行；人们再次

[^一]: 《管理新现实》（*The New Reality*，1989 年）。

将亚里士多德的思想视为智慧的源泉；城市大学取代遁世的修道院，成为文化中心；城市新兴的天主教修道会，如多明我会（Dominican）与方济各会（Franciscan），肩负传道、授业、解惑的使命；几十年间，人们放弃拉丁语改用母语写作，但丁亦因此开创了欧洲文学的新时代。

约 200 年后，从 1455 年约翰内斯·古登堡（Johannes Gutenberg）发明（西方）活字印刷术到 1517 年马丁·路德发起宗教改革运动的 60 多年间，欧洲又发生了一次重大变革。在此期间，文艺复兴运动进入兴盛期，1470～1500 年在佛罗伦萨和威尼斯达到了高潮；古希腊、古罗马精神再现；欧洲人发现美洲"新大陆"；西班牙创建步兵团，这是自罗马军团之后欧洲第一支常备军团；对解剖学的重新探索，启蒙了人类科学的研究方法；西方世界开始广泛使用阿拉伯数字。我再次强调，生活在 16 世纪 20 年代的任何人都无法想象他们的父辈、祖辈出生和成长的时代风貌了。

下一场重大变革则始于 1776 年。这一年，美利坚合众国诞生，詹姆斯·瓦特改良蒸汽机，亚当·斯密发表了《国富论》。从这一年开始到滑铁卢战役（1815 年）的 40 年中，现代社会所有的"主义"（isms）纷纷诞生——资本主义、共产主义以及工业革命均产生在这一时期。这 40 年见证了世界第一所现代大学（柏林大学，1809 年）的诞生，教育开始普及。这 40 年带来了犹太人的解放——到 1815 年，罗斯柴尔德家族（Rothschilds）的势力已凌驾于王侯之上。这 40 年，实际上诞生了全新的欧洲文明。我再次重申，生活在 19 世纪 20 年代的任何人都无法想象他们的父辈、祖辈出生和成长的时代风貌了。

又过了约 200 年，今天，我们同样处在一个变革的时代。然而，这场变革将不再局限于西方社会和西方历史。实际上，这也是历史上的重大变革之一。从此以后，不再有"西方"历史和"西方"文明，只有世界历史和世界文明，但后两者的实质是"西方化"的。至于这场变革的开端是什么尚存争议，一种说法是日本在20世纪60年代作为第一个非西方国家成为世界经济强国，另一种说法是计算机的诞生和普及使信息成为社会运转的中轴。我自己的看法则是美国在第二次世界大战后实施的《退伍军人权利法案》（GI Bill of Rights），该法案资助退伍军人接受大学教育——如果再早30年，也就是在第一次世界大战后实施的话，这种做法绝对会被认为毫无意义可言。这项法案本身以及美国退伍军人对其产生的强烈反响标志着人类社会向知识社会的转变。未来的历史学家极有可能将其视为20世纪最重要的事件。

很显然，我们仍处于这场变革之中。如果历史能成为向导指引我们前进的话，那么这场变革将会在2010年或2020年完成。然而，这场变革已然波及当今世界的政治、经济、社会及道德等诸多领域。20世纪90年代出生的人同样无法想象他们的父辈、祖辈（例如我这一代人）出生和成长的时代风貌了。

始于1455年的那场变革，将欧洲从中世纪经文艺复兴运动带入近代社会。直到50年后，随着哥白尼《短论》（Commentaries，1510～1514年）的完成，米开朗基罗在西斯廷教堂穹顶上的巨幅作品《创世纪》（1508～1512年）的竣工（该作品实现了对所有文艺复兴时期作品的融合与超越），马基雅维利《君主论》（Prince，1513年）的收笔，以及重建天主教的首次特伦托会议（Tridentine Council，16世纪40年代⊖）的召开，人们才第一次真正地理解了这场变革的意义。

接下来的一场变革，也就是200多年前发生的那场变革，则是在那60多年后，通过托克维尔（Tocqueville）两卷本的《论美国的民主》（Democracy in America）（分别出版于1835年和1840年），人们才开始分析、理解这场变革的意义。

⊖　原文为"1530s"。——译者注

我们早已迈进全新的知识社会，我们有必要重新审视和修订资本主义与民族国家时代的社会史、经济史和政治史。因此，这本书要用全新的视角来审视已被我们抛在身后的时代。用新的观点来看待这些变革，可能会有一些令人吃惊的收获（对我来说，的确如此）。

现在就来预测知识社会的未来之貌，未免太过冒险。至于未来将会出现什么样的新问题以及这些重大问题将会出现在何处，我相信我们已经掌握了其出现的可能性，在诸多领域，我们甚至能描述出哪些做法是行不通的。大多数问题的"答案"仍孕育在未来之中，到时方能揭晓。但现在我们就可以肯定，当今世界的价值观、信仰、社会与经济结构、政治观与政治制度乃至世界观，在未来经过重组之后，其变化之大，远非我们现在所能想象。在某些领域，尤其是在社会及其结构领域，基本的改变业已发生。同样可以肯定的是，未来的新社会一定是一个知识社会，而知识必定是其首要的资源，这就意味着新社会必定是一个组织社会（society of organizations）。在政治上，我们已经从有 400 年历史的主权民族国家转变成多元政体，民族国家不再是政治整合（political integration）的唯一单位。我所称的"知识社会政体"指的是跨国性的、地区性的、民族国家的、地方性的甚至是部落性的政治体系，它们之间相互竞争，共同存在。其中，民族国家虽然仍是一个重要组成部分，但已弱化成为众多存在形式中的一种。

正是因为上述情形均已发生，所以我们才可以对这些情形加以描述。这也正是本书的目的所在。

知识社会及其政体

大多数人知道或至少能意识到，发达国家正在进入知识社会。可以确信的是，市场仍将在经济活动中起到有效整合的作用。实际上，有些发达国家

早已步入知识社会。知识社会正在迅速成为新生阶级的社会，知识正在迅速
成为社会的核心资源。

　　资本主义社会历来受到两大阶级的主导：一个是资本家，他们拥有并控
制生产资料；另一个是工人，卡尔·马克思称之为"无产阶级"，他们被剥
削且依附于人。"生产力革命"始于 1883 年，并于第二次世界大战结束后不
久在发达国家到达巅峰。正是因为这场革命，无产阶级第一次跻身于"收入
丰厚"的中产阶级队伍。1950 年左右，虽不再被称为"无产阶级"但仍属"劳
动力"的产业工人似乎主导了发达国家的政治与社会。可是，随着"管理革
命"的兴起，从事制造业的蓝领工人数量急剧下降，而其权力与地位的下降
幅度尤为明显。到 2000 年，发达国家从事制造业和运输业的传统工人数量
估计不会超过该国总劳动力人口的 1/6，甚至不足 1/8。

　　资本家在权势、地位等方面到达巅峰的时间很可能更早，大约在 19 世
纪和 20 世纪之交，最晚不会迟于第一次世界大战。从那时起，资本家的权
力与声望就无人可以匹敌，他们之中有美国的摩根、洛克菲勒、卡耐基、福
特；德国的西门子、蒂森（Thyssen）、拉特瑙（Rathenau）、克虏伯（Krupp）；
英国的蒙德（Mond）、丘纳德（Cunard）、利华（Lever）、维克斯（Vickers）、
阿姆斯特朗；法国的温德尔（deWendel）、施耐德；日本的大财阀家族，如
三菱、三井、住友等。到了第二次世界大战，这些资本家被"职业经理人"
所取代，⊖ 这也是管理革命的首个成果。当然，现在还有许许多多的资本家
活跃于各种报纸的社会版面，但是他们已华丽转身为"社会名流"，从经济
事务中全身而退。商业版面主要关注的是"受雇的经理人"，如果提到钱，
指的也是这些经理人收入颇丰的薪金与红利，但他们自己很少拥有或根本不

　　⊖　关于这次转变，请参阅阿尔弗雷德·D. 钱德勒（Alfred D. Chandler）的作品《看得见的手》
（*The Visible Hands*，哈佛大学出版社，1977 年），尽管该书的论述仅限美国制造业。

拥有企业的任何资产。

　　在发达国家，养老基金取代了以往的资本家，逐渐控制了资金的供给与分配。以美国为例，1992年养老基金拥有该国各大企业一半的股份以及这些企业固定债务的半壁江山。养老基金的受益人当然是本国企业的雇员。养老基金由"新型资本家"（为数众多、姓名不详、按月领取薪水的雇员）管理，他们是这些养老基金的投资分析师和证券投资经理。

　　同样重要的一点是，知识社会真正支配性的资源、决定性的生产要素，既不是资本、土地，也不是劳动力，而是知识。知识工作者和服务劳动者取代了资本家和无产阶级，成为知识社会的主导阶级。

向知识社会的转变

　　向知识社会的转变始于第二次世界大战结束后不久。我首次谈到"雇员社会"[⊖]（employee society）的话题，刚好是在1950年以前。大约10年后，我创造出"知识工作"（knowledge work）与"知识工作者"（knowledge worker）这两个新词。在1969年出版的《不连续的时代》（*The Age of Discontinuity*）中，我首次提出"组织社会"的概念。因此可以说，本书的写作基于40多年的研究，而我之前提出的建议方案大都成功地经受住了时代的检验。

　　我们早已进入一个与以往社会大为不同的新社会，本书的写作于是成为可能。本书的基调不是预测性的，而是描述性的；本书的目的不是空想未来，而是呼吁社会立即行动。

　　这个新社会就是知识社会，我们现已身处其中。我再次强调，这种社会

　　⊖　请详见我的《新社会》（*The New Society*，1949年）一书。

必然以自由市场作为整合经济的唯一机制，它不可能是"反资本主义社会"。资本主义的组织机构仍会继续存在，只是其中的一些组织机构（例如银行）在未来会扮演极为不同的角色。但是，知识社会的重心，比如它的社会结构、社会与经济动力、社会阶级、社会问题等，会和过去250年的主要表现方式不同。而社会的政党、社会团体、社会价值体系、个人与政治承诺等重大议题都将会得到更明确的体现。

知识社会最基本的经济资源，也就是经济学家常说的"生产资料"，将不再是资本、自然资源（经济学家称之为"土地"），也不再是劳动力。无论是现在还是将来，它一定是"知识"。主要用来创造财富的源泉不再是生产所需的"资本"，也不再是"劳动力"。现在，价值由"生产力"与"创新"来创造，二者都将知识运用于工作之中。在知识社会中，主导力量一定是"知识工作者"，正如资本家知道如何将资本用于生产一样，管理者、专业人士和雇员等知识工作者懂得如何将知识用于生产。事实上，所有这些知识工作者受雇于各种组织，但与以往的雇员不同，他们既拥有"生产资料"，又拥有"生产工具"。说他们拥有"生产资料"，是因为他们能够通过（前面所说的）在发达国家迅速出现的养老基金制度，成为真正的所有人；说他们拥有"生产工具"，是因为这些人拥有知识，可以随意将知识带到他们想去的地方。所以，知识社会所面临的经济方面的挑战，一定是知识工作与知识工作者的生产力问题。

知识社会所面临的社会方面的挑战，将是另一个阶级（服务劳动者）的尊严问题。通常来说，服务劳动者缺乏成为知识工作者所需的教育资源，几乎在任何国家，甚至包括高度发达国家，服务劳动者都是社会成员中的多数。

基于价值观与审美观念的不同，知识社会将形成二元对立的局面。虽然这种对立已明显存在，但它不同于英国小说家、科学家及政府官员 C. P. 斯诺 1959 年在其《两种文化与科学革命》(*The Two Cultures and the Scientific Revolution*) 一书中所说的"人文文化"与"科学文化"的对立, 而是"知识人"(intellectual)与"经理人"(manager)之间的对立, 前者强调文字与理念, 后者强调人际与工作。因此, 用一种全新的整合办法消解二者之间的对立, 将是知识社会在哲学与教育方面所面临的重大挑战。

超越民族国家

1991 年多国部队制裁伊拉克入侵科威特的军事行动, 标志着 400 多年来主权民族国家始终在世界政治舞台上占据的主角地位的终结。

这种多国部队对某一个国家采取的行动是史无前例的, 未来的历史学家必然会将 1991 年 2 月发生的这一事件列入大事表。在此之前, 几乎所有国家都一致反对为了国际社会的共同利益, 置国民情感于不顾, 甚至牺牲自己的国民利益去打击恐怖主义。现在, 大家却达成共识, 认为反恐不能仅仅依靠各国政府独自应对, 而需要各国联合行动, 这同样是史无前例的。

人们(尤其是美国的自由派人士)普遍认为, 1991 年制裁伊拉克的海湾战争主要是为了保护西方国家的石油供应, 但这绝非事情的真相。实际上, 如果伊拉克实际控制了科威特和沙特的油井, 将会极其符合西方国家的经济利益, 因为这意味着石油价格会下降。科威特和沙特两国人口稀少, 对石油出口带来的收入依赖性低; 伊拉克的情况则大为不同, 人口过剩, 除石油外几乎没有任何自然资源。因此, 科威特和沙特两国希望降低产量, 减少供给, 以抬高油价, 而伊拉克希望尽可能多地出售石油, 增加供给, 从而使油价下跌。

这完全可以解释为什么美国在海湾战争前大力支持萨达姆政权, 直到萨达姆入侵科威特，公然开始恐怖主义活动，美国的支持才戛然而止。我认为，这也说明了萨达姆错误地估计了形势，他相信美国为了保证低价石油的供应，必然会姑息他的入侵。当伊拉克入侵科威特时，我所认识的一家大型石油公司的人都认为，美国只会对伊拉克发出口头警告，而不至于出兵干预。

1576年，法国的法学家、政治学家让·博丹（Jean Bodin，1530—1596）在《国家六论》（*Six Livres de la République*）一书中，首次提出了"民族国家"的概念。在此后的400多年中，无论对内还是对外，民族国家都是唯一的政治权力机构。在过去的200多年中，即从法国大革命开始，它成为世俗宗教的载体，肩负拯救社会的使命。事实上，作为以唯一权力机构形式存在的主权民族国家，发展到极致，就会发展出极权主义。

当下，政治理论和宪法仍适合于主权国家。在过去100多年中，主权国家的权力与势力越发强大，俨然成为"巨型国家"。这也是我们迄今为止所熟悉的政治结构，包括行政、立法、司法、外交和军队等标准化部门。自第二次世界大战以来，近200个脱离殖民统治的新兴国家都已成为主权民族国家，苏联解体后，苏联的原加盟共和国也希冀成为主权民族国家。

自第二次世界大战结束以来的40年中，主权民族国家正在逐渐丧失其作为唯一权力机构的地位。从国家内部来看，发达国家正迅速转变为多元的组织社会结构；从国家外部来看，一些由某国政府行使的职能的范围正在扩大，有的成为跨国的，有的成为地区性的（比如欧盟），还有的成为部落性的。

即便如此，民族国家并不会消亡。在今后很长的一段时间内，它依然是最有权力的政治机构，只不过不能像以前那样有绝对唯一的地位。它必将逐渐与其他机构、组织和决策者分享权力。因此，我们的问题是：民族国家保留的权力范围有哪些？哪些权力由国家自治机构来行使？我们如何定义"超国家的"（supranational）和"跨国的"（transnational）权力机构？哪些权力仍由"地方性的"机构来行使？

这些问题会是未来几十年的核心政治问题。从细节上来说，其结果是不可预测的，但未来的政治秩序必将有别于过去4个世纪的政治秩序。在过去的政治舞台上，国家无论大小和贫富，无论其宪政结构和政治信仰如何，均统一披上民族国家的外衣，在其领土范围之内行使主权。然而，我们正在步入（实际上已经步入了）"知识社会政体"。

"前现代"哲学家中的最后一人戈特弗里德·莱布尼茨（Gottfried Leibniz，1646—1716）终其一生致力于基督教国家的统一，但结果是徒劳的。他并不担心新教与天主教之间或新教内部各派别之间的宗教战争（其实这种战争的危险在他出生前就早已不存在了），他所担心的是一旦众人丧失对超自然的上帝的崇拜，世俗宗教就会接踵而至。他深信，世俗宗教必将压制人性自由，必将导致专制统治。

一个世纪后，这种担忧在让 – 雅克·卢梭（Jean-Jacques Rousseau）身上得到了验证。卢梭宣称，社会能够也应当统治个人，社会能够也应当创造一个"新亚当"，社会能够也应当创造普遍的人性的完美，但是，与此同时，社会能够也应当使个人服从于非个人的、超个人的"普遍意志"（general will），即"历史客观规律"（objective laws of history）。自法国大革命以来，社会救赎在西方国家逐步演化为占主导性的信仰，并于第二次世界大战开始后在全世界范围内得到普遍传播。但是，无论社会救赎如何将自己装扮成"反宗教"的，它在本质上仍属宗教信仰。虽然它采取了一些世俗手段，如禁酒、屠杀犹太人、广泛使用精神分析、废除私有财产等，但其目标仍是宗教的，即通过创造"新人类"在地上建立"上帝"的国度。

也许，人类没有任何救赎的希望。有位拉丁诗人可能说得对："人性往往前门进，后门出。"（意指江山易改，本性难移。）也许犬儒主义者说得对：
"人性中根本就没有美德、善良和无私，只有自私和虚伪。"（虽然我在人生中
的黑暗时刻曾这样提醒过自己，但事实并非如此。）

未来会出现何种信念，我们还不得而知，唯一能做的只有希望与祈祷。
也许我们只能忍耐和顺服，也许我们只能寄望于通过传统宗教的复兴来解决
知识社会中个人的需求与挑战。美国近来激增的新教、天主教以及诸多不知
名教派的"田园式"教堂就是某种预兆。

预测未来不可能发生的事要比预测可能发生的事容易。日本作家堺屋太
一（Taichi Sakaya）在 20 世纪 80 年代中期出版的一本畅销书（《知识价值革
命》，讲谈社国际出版社，1991 年）中预测：未来我们将不会看到对物质和
技术的抗拒，也不会听到"重返中世纪"的呼声。世界范围内的信息与技术
的传播，使"重返中世纪"的梦想不再可能实现。

救赎、自我重生、灵魂提升、善良、美德等"新人类"所应该具备的特
征将来很可能作为某种只属于个人的特征而存在，而非社会目标与政治方
案。社会救赎信念的终结必然代表某种由外向内的转变，这种转变强调个人
的重生，甚至导致向个人责任的回归——至少我们希望如此。

第三世界

本书论述的重点是发达国家和地区，比如欧洲、美国、加拿大、日本及
其他亚洲新兴的发达国家等，而不是"第三世界"的发展中国家。

之所以如此，并不是因为这些发展中国家相对于发达国家而言无足轻
重。如果我这么认为，那肯定是非常愚蠢的。目前，世界人口的 2/3 生活在
发展中国家，到这场变革的末期（2010 年或 2020 年左右），这一数字将达到
3/4。不过，我认为，在今后的一二十年中，极有可能出现新的、惊人的"经

济奇迹"——贫穷落后的第三世界国家几乎一夜之间就发展成为经济强国。
这种转变甚至比过去40年中（也就是从我们刚刚开始讨论"经济发展"的
时候至今）发生的还要剧烈。

北起天津南至广东的中国高度城市化的沿海地区，具备了经济高速发展
所要求的所有因素。中国有巨大的国内市场、尊重知识且受到良好教育的人
民、吃苦耐劳的精神，以及与"海外华人"的紧密联系，使其可以分享"海
外华人"的资本、贸易网络和知识型专业人才。如果这些有利资源得以有效
利用，就能促进中国经济的快速增长。拉美地区的几个主要大国也是如此，
它们同样拥有巨大的国内市场。墨西哥经济已经起飞，而巴西一旦鼓足政治
勇气，效仿墨西哥的成功经验，废除1970年开始实施的而后被证明是失败
的（实际上是自杀性的）政策，它的经济发展速度同样可能会震惊世界。

发达国家并不能独善其身，它们必须与第三世界国家辅车相依。如果后
者不能保持高速的经济和社会发展，必定会有大批移民涌入发达国家，远远
超过发达国家的经济、社会和文化的承受能力。

因此，讨论知识社会及其政体所面临的挑战、机会和问题，只能从其
发源地（也就是发达国家）入手。

社会、国家与知识

本书论及的范围非常广泛，包括知识社会、知识社会国家以及知识本身
所面临的新挑战。然而，本书未论及之处远远超过所涉及的话题。它不是描
述"未来"的历史进程，而是着眼于"当下"。

本书即将讨论的三大主题——社会、国家与知识，是按照"可预知性"
的顺序依次排列的，而不是按照"重要性"，否则本书最后一章"知识人"
的探讨将会出现在第一章的位置。关于知识社会，我们知道已经发生了什么

及其原因；我们也知道将要发生什么及其理由——至少大致知道，而且其中很多事情正在发生。关于知识社会国家，我们只知其大致轮廓，对其未来将如何发展还无从知晓。但我们知道已经发生的事实和原因，而且可以明确必将发生什么及其原因。至于知识方面的挑战，我们却只能提出问题，并希望这些问题是正确的。

我常常扪心自问，自己到底是乐观主义者还是悲观主义者。对于任何一个 20 世纪那场人类大灾难的幸存者来说，如果他说自己是乐观主义者，那他一定是非常愚蠢的。可以肯定的是，我们仍处于风云变幻的世界局势之中，现在就说已接近种种骚乱、变革、动荡的终结还为时尚早。任何宣称"历史即将终结"的人，都是在自欺欺人，必将遭遇令人不悦的意外。

我们正处于一个转型期。未来社会将是什么样子（姑且不论未来的社会是否会成为我们所期望的"知识社会"），取决于发达国家对这一转型期所面临的挑战的应对。这要靠发达国家的知识领袖、商业领袖、政治领袖的集体智慧，但更重要的是，要靠每一个人在工作和生活中的行动。然而，可以确信的是，一切都处于变化之中，现在正是创造未来的时刻！现在也正是行动的时刻！

1

社　会

POST-CAPITALIST SOCIETY

从资本主义到知识社会

在1750～1900年这150年中，资本主义与科技征服了全球，创造了新的世界文明。在此期间，无论是资本主义还是技术创新，都不是新生事物——长久以来，无论是在西方还是东方，这些都是很平常的一直都存在的事物。世界之所以出现崭新的面貌，是因为它们的传播速度快、在全球的覆盖范围广，跨越了文化、阶层和地理的界限。正是由于其传播速度快和覆盖范围广，才使早期的资本主义转化为成熟的"现代资本主义"，并成为一种"制度"，使技术创新转化为"工业革命"。

这场转变是由知识的意义的根本改变所驱动的。无论是在西方还是在东方，知识一直被视为"道"（being）的存在，但几乎一夜之间，它就变为"器"（doing）的存在，从而成为一种资源，一种实用利器。在此之前，知识一直被视为个人资源，但同样几乎在一夜之间，它迅速成为公共资源。

在这场转变的头100多年，即第一阶段，知识运用于生产工具、生产流程和产品的创新，从而产生了工业革命，同时也产生了卡尔·马克思

（1818—1883）所说的"异化"(alienation)、新阶级、阶级斗争。在第二阶段，也就是大约从 1880 年到第二次世界大战结束的这段时间里，知识被赋予新的意义，开始应用于工作之中，引发了"生产力革命"。在这场持续了 75 年左右的生产力革命中，无产阶级逐步转化为收入接近上层社会水平的中产阶级。在这一阶段，生产力革命成为社会发展的潮流。

最后一个阶段始于第二次世界大战结束。今天，知识正应用于知识本身，这就是"管理革命"。知识正在迅速成为首要的生产要素，使资本与劳动力居于次要位置。但如果要说我们这种社会就是成熟的"知识社会"，恐怕还为时尚早，而且未免过于草率。目前，我们的社会所拥有的只是"知识经济"。

无论是在西方还是在东方，也无论其形式如何，资本主义都在历史发展的进程中反复出现。同样无论是在西方还是在东方，都曾出现过早期的技术发明与技术创新，其传播速度非常快，由此导致的技术变革和 18 世纪末或 19 世纪初的任何一场变革一样剧烈⊖。资本主义与技术在过去 250 年中的发展，速度之快、涉及领域之广，是史无前例的。资本主义不再像以前一样仅仅是社会的一个组成部分，而俨然成为现代资本主义社会本身，即大写字母 C 的资本主义（Capitalism）。在 1750～1850 年这 100 年当中，现代资本主

⊖　对于资本主义（作为历史上反复出现的社会现象）的讨论，详见法国经济历史学家费尔南·布罗代尔（Fernand Braudel）的两部著作：《地中海与菲利普二世时代的地中海世界》（*The Mediterranean*）和《15～18 世纪的物质文明、经济和资本主义》（*Civilization and Capitalism*）。对早期"工业革命"最好的论述有：小林恩·怀特的《中世纪的技术和社会变化》(*Medieval Technology and Social Change*)；让·吉姆佩尔的《中世纪机器：中世纪工业革命》(*The Medieval Machine：The Industrial Revolution of the Middle Ages*)；英国生物化学家、东方学家和历史学家李约瑟的巨著《中国科学技术史》(*Science and Civilization in China*)——其于 1954 年开始出版，虽然其 25 卷册中的一半还未出版，但已完全改变了我们对历史早期技术知识的理解。对早期"工业革命"的论述，还可见我的《技术与管理》（*Technology, Management and Society*）的第 3、第 7 和第 11 章。

义不再像以往仅局限于某个地区，而是逐步传播到整个西欧和北欧，又在随后的 50 年中传播到整个世界。

所有早期的资本主义仅局限在社会的少数群体，而对贵族、地主、军人、农民、专业人士、工匠甚至体力劳动者，几乎均未触及；而现代资本主义在所到之处，迅速地渗透并改变了所有的社会群体。

从 13 世纪起，新工具、新流程、新材料、新（农）作物、新手艺，也就是今天我们所说的"技术"，在旧世界迅速传播。

其传播速度之快，就连现代的发明也无法与之匹敌。拿眼镜来说，它的发明可以追溯到 1270 年左右英国方济各会修士罗杰·培根（Roger Bacon）的光学实验，当时眼镜仅供老年人阅读使用，1290 年传播到位于法国阿维尼翁的罗马教廷，1300 年传播到开罗的苏丹王宫，还不到 1310 年就传播到了中国元朝宫廷。在 19 世纪的所有发明中，只有缝纫机和电话这两样东西的传播速度才能与之媲美。

早期的技术革新，几乎无一例外，都仅局限于一种工艺或一个应用范围。直到培根发明眼镜约 200 年之后，也就是 16 世纪初，眼镜才用于矫正近视，拥有老花镜之外的第二种功能。制陶用的转轮也是如此，早在公元前 1500 年它就为地中海世界所广泛使用，用于制作家庭必备的烹饪、储水、储粮用的陶器。然而，它的工作原理直到公元 1000 年才用于妇女使用的纺纱机上。

同样，风车在古典时代只是一种玩具，直到公元 800 年，人们才对其进行重新设计，使之成为真正的机器，一种完全"自动化"的机器。300 多年后，也就是公元 1100 年后，风车的原理才应用于船只航行。在此之前，船只航行主要靠人力划桨，有时也靠风力推动，但只能把风力作为辅助动力，而且只有当风向和船只前进的方向一致时才行。驱动船只航行的帆和驱动风车运行的翼，二者的工作原理完全相同。人们虽然早就知道需要找到一种方式，使得无论风向如何都能推动船只航行，但直到公元 1100 年后，法国北部或低地地区精于航海的人才对风车的原理进行重新设计，用于船只航行。然而，在随后的几百年中，仍没有人能够将其应用到陆地或近海地区的抽水灌溉和碾磨谷物等事务上。

不同的是，工业革命的种种发明立即得到了广泛应用，应用于几乎所有我们能想到的行业与产业，而且很快就被视为"技术"。

1765～1776 年，蒸汽机经詹姆斯·瓦特（1736—1819）的重新设计，成为极具成本优势的动力来源。其实，瓦特改良蒸汽机的本意是为了从矿井中抽水，而这种用途的蒸汽机早在 18 世纪初就由托马斯·纽科门（Thomas Newcomen）发明出来了。但是，一位英格兰著名的冶铁专家很快发现，经重新设计的蒸汽机可以用于将空气注入熔炉，于是他出价竞买瓦特的第二部蒸汽机。瓦特的合伙人马修·博尔顿（Matthew Boulton，1728—1809）很快就再次改良了这种蒸汽机，使其作为动力来源适用于所有工业生产，尤其是当时制造业领域规模最大的纺织业。35 年后，一位名叫罗伯特·富尔顿（Robert Fulton，1765—1815）的美国人制造出第一艘以蒸汽机作为动力的轮船，并在纽约州的哈德逊河成功下水。又过了 20 年，蒸汽机安上轮子，蒸汽机车就此诞生了。到了 1840 年左右，最晚不会超过 1850 年，蒸汽机已经改变了从玻璃制造业到印刷业的所有制造业的生产过程，改变了陆上和海上的长途运输方式以及世界各地的农耕方式。至此，蒸汽机的使用几乎遍及世界的各个角落，只有尼泊尔、中国西藏地区和非洲热带地区除外。

生活在 19 世纪的人们相信（现在大多数人仍然相信），工业革命在人类历史上首次改变了政治经济学意义上的"生产方式"，进而改变了社会结构，创造了新阶级——资本家和无产阶级。但是，这种看法是错误的。早在公元 700～1000 年，由于技术的改变，欧洲产生了两个新阶级——封建骑士与城市工匠。公元 700 年左右，中亚地区出现了马镫，随后传入欧洲，从而导致了骑士阶级的诞生；水轮与风车的重新设计，使其成为真正意义上的机器（这是迄今为止人类首次利用水力与风力等非生命动力取代了以往使用的人力），从而促进工匠阶级的形成。

马镫的出现使人可以更好地在马背上作战。若不是马镫的保护作用，骑手们在挥舞长矛、利剑和弯弓作战时极易因这些武器的反作用力而摔落于马下，这就是牛顿第三定律的体现，即每一种作用力都有与其大小相等、方向相反的反作用力。数百年来，骑士一直都是所向披靡的"战争机器"，但这种机器必须依靠"军事农业复合体"的支持才能运转，而这种复合体形式在历史上才出现不久——德国人直到 20 世纪还称其为" Rittergut"，意思是骑士采邑，指国王封赏给骑士阶级终身享有的土地，还包括其在法律、经济、政治上享有的特权。这种战争机器，包括每名骑士以及他的随从、3 匹战马、12～15 名马夫的食物所需，至少由 50 个农户家庭或约 200 人提供。换句话说，正是马镫创造了欧洲的封建制度。

古典时代的工匠一度是奴隶身份。在"机器时代"的早期，即欧洲的中世纪，他们一跃成为城市统治阶级，即"市民阶级"，创造了当时欧洲极具特色的城市，继而创造了颇具哥特式与文艺复兴建筑风格的城市。

前面提到的马镫、水轮和风车等技术创新很快就传遍了整个欧洲。总体而言，早期工业革命所产生的阶级仍只局限于欧洲，但日本是个例外。约在公元 1100 年，日本开始出现独立的、地位突出的工匠阶级，深受社会尊重。到了 1600 年，他们开始享有巨大的社会权力。但是，日本在采用骑兵作战的同时，保留了步兵作战的传统。日本乡村的统治者是徒步作战武士的指挥官——大名。他们有权力向农民征税，但并不像欧洲的骑士阶级一样拥有自己的封建采邑。在中国、印度和伊斯兰世界，这些新技术对社会几乎没有任何影响。中国的工匠虽有一技之长，但社会地位并没有得到任何改善；中国的军人虽可骑马射箭，但没有获得自己的采邑。即使在欧洲，由早期工业革命所带来的社会变化，直到400年后才得以充分显现。

相比之下，现代资本主义与现代工业革命在西欧所带来的社会变化，仅用了不到100年就得以充分显现。在1750年，资本家与无产阶级仍只是社会边缘群体。实际上，19世纪的无产阶级就是工厂工人，他们在当时的社会环境下难以生存。到了1850年，西欧的资本家与无产阶级成为社会颇具活力的两大阶级，但相互对立。之后，世界各地，只要是现代资本主义与现代科技所至之处，他们都迅速成了社会的主要阶级，扮演重要的角色。在日本，这种转变仅用了不到30年的时间（从1867年的明治维新到1894年的中日甲午战争）。而在中国的上海、香港，以及印度的加尔各答、孟买或者沙皇统治下的俄国，这个过程也不会长过日本。

现代资本主义与现代工业革命，正是因为传播速度之快、影响范围之广，才得以创造了新的世界文明。[⊖]

知识新义

与那些19世纪的思想家，如黑格尔等"极度简化者"(terrible simplifier)不同，我们现在知道，重大历史事件极少只有一个原因或一种解释，它们往往是众多相互分离、相互独立的发展因素综合作用的结果。

关于这一点，我们仅以计算机的诞生为例来加以说明。计算机最早的理论基础是二进制，它源自17世纪德国数学家兼哲学家戈特弗里德·莱布尼兹的理念，即一切数字都可以只用0和1来表达。第二个理论基础来自19世纪英国发明家查尔斯·巴贝奇（Charles Babbage，1792—1871），他发现

⊖　对这一时期发展的描述详见哈佛大学历史学家戴维·S.兰德斯（David S. Landes）的著作《解放了的普罗米修斯》(*Prometheus Unbound*，剑桥大学出版社，1969年)。

齿轮（也就是机械）可以实现十进制下加减乘除的运算功能，是真正意义上的"计算器"。接着在 20 世纪初期，英国两位逻辑学家阿弗烈·诺夫·怀德海（Alfred North Whitehead）与伯特兰·罗素（Bertrand Russell）在《数学原理》（Principia Mathematica）这本合著中阐述了以下理论：任何可用严格的逻辑形式来表达的概念，都可用数字来表达。第一次世界大战时期在美国战时工业局当统计员的奥图·纽拉特（Otto Neurath，奥地利裔美国人）从上述理论推导出以下观念：来自任何领域的信息只要能被量化，那么它们在本质上都是相同的，都可以用相同的方式来处理与表达（顺便提一下，这也是现代统计学的理论基础）。这种全新的观念在当时被认为是异端，没有被人们普遍接受。第一次世界大战前不久，一位叫李·德·弗雷斯特（Lee De Forest）的美国人发明了电子晶体管，它可以把电子脉冲转化成声波，从而使音乐和其他声音的广播成为可能。20 年后，在 IBM（当时还只是一家制造打孔机的中型企业）工作的工程师恰巧发现，晶体管可用于实现 0 和 1 之间的反复转换。

　　以上因素如果缺少了任何一个，计算机就不会出现。我们也很难说，它们之中哪个因素是最主要的。具备了所有这些因素，计算机的出现实际上是早晚的事了。但是，计算机的发明会出现在美国纯属偶然。这种偶然是源于第二次世界大战的突然爆发促使美国军方情愿耗巨资用于计算机的研发，使其能够快速计算出高速移动的飞机和敌舰的位置。这项研发虽然当时并没有奏效，但在第二次世界大战后取得了成功。不然，计算机的发明很可能出现在英国。事实上，在 20 世纪 40 年代，英国一家名为 J. 莱昂斯（J. Lyons & Co.）的公司（当时经营食品与餐饮业）的确曾投资研发了世界第一代商用计算机（the Leo）并取得了成功，只是后来在资金投入上无法与美国五角大楼竞争，不得不放弃继续研发（成本更低的）计算机的计划。

　　同样，历史上诸多领域的发展（其中绝大多数相互之间并无联系）共同促进了资本主义转化为现代资本主义，技术进步转化为现代工业革命。对此，德国社会学家马克斯·韦伯（Max Weber，1864—1920）提出了他的著名理论：现代资本主义是新教伦理（Protestant Ethic）的产物。但是，因为缺乏足够的证据，他的这种论调颇受怀疑。相反，有更多的证据支持马克思早期的理论：蒸汽机这种新动力需要投入大量的资本，使得工匠无法再为购置"生产资料"提供资金支持，从而不得不将控制权拱手让给资本家。

还有一个关键因素，如果少了它，资本主义与技术进步等现象就不可能在世界范围内流行。这一关键因素就是，在1700年左右或稍晚发生于欧洲的有关"知识意义"的彻底改变[一]。

关于我们能知道什么以及我们如何能知道，从柏拉图到路德维希·维特根斯坦（Ludwig Wittgenstein，1889—1951），再到卡尔·波普尔（Karl Popper，1902—1994），出现了诸多理论。但是，自柏拉图时代起，关于知识的意义与功能，在西方只有两种理论，大约自同一时期起，在东方也只有两种理论。柏拉图对话录中的发言人——智慧的苏格拉底认为，知识的唯一功能是自知，即促进个人在智力、道德与精神层面的成长。然而，苏格拉底的劲敌，博学多才的普罗塔哥拉（Protagoras）却认为，知识的作用是使掌握知识的人更有效地知道要说什么和怎么说。对普罗塔哥拉而言，知识意味着逻辑、文法与修辞，它们后来成为中世纪学问的核心，即三学科（trivium），随后逐渐发展成为现在我们所讲的"人文教育"（liberal education）或德国人所说的"通识教育"（allgemeine bildung）。在东方，也有两种相似的知识理论。对儒家而言，知识也指知道要说什么、要怎么说，儒家还将其

㊀　关于这一改变，我在1961年的论文《技术革命：略论技术、科学与文化的关系》中进行了较为深入的探讨。这篇文章先后被收入我的《技术与管理》（*Technology, Management and Society*，1972年）与《生态愿景》（*The Ecological Vision*，1992年）。

视为修齐治平之道。对道家与禅宗而言，知识意味着自知，他们视其为获取智慧的途径。虽然双方对于知识到底指什么达不成共识，但对知识不指什么达成了一致。他们都认为，知识不是"工作技能"（ability to do），也不是"实用利器"（utility）。"实用利器"不是知识，而是"技术"（skill），用希腊语表示就是"téchne"。

与远东地区的同代人不同，苏格拉底与普罗塔哥拉更尊重"技术"[⊖]。

即使是对苏格拉底与普罗塔哥拉而言，无论"技术"多么令人称赞，它也并非知识。因为技术仅局限于某一特定用途，不具备普遍性。从希腊到西西里岛，船长所熟知的航海技术均无法应用到其他领域。学习技术只能通过学徒与经验，除此之外，别无他法。技术很难用语言来说明，无论是口语还是书面语，只能通过示范、练习获得。直至 1700 年，甚至更晚，英国人都不谈"手艺"，而只谈"秘技"，这不仅因为技术师傅对其手艺誓不外传，还因为技术本身就很难学，不通过拜师学艺，不通过师傅的言传身教，任何人想要学会某项技术都是很难的。

现代工业革命

1700 年（误差仅在 50 年之内），"technology"（技术）出现了。这个英文单词由两个词根构成：一个是"téchne"，指某门手艺的奥秘；另一个是"logy"，指有组织的、系统的、有目的的知识。1747 年，世界第一所土木工程学校——路桥学院（Ecole des Ponts et Chaussées）在法国成立；1770

⊖ 实际上，直到 18 世纪英国"绅士阶级"出现，西方才开始对技术产生了某种鄙夷。这种鄙夷在维多利亚时代达到高峰，这是因为当时的资产阶级和技术专家正在取代"绅士阶级"成为社会的统治阶级。这种鄙夷的情绪是"绅士阶级"对其地位的不保做出的抵抗，但在历史洪流面前，这种最后的抵抗是徒劳的。

年，第一所农业学校在德国成立；1776 年，第一所矿业学校也在德国创设；1794 年，第一所技术学校——综合理工学校（Ecole Polytechnique）在法国成立，专门培养工程师。1820～1850 年，医学教育与医疗业务两种职能合并，成为一种系统化的技术。

与此同时，1750～1800 年，英国一改以往的专利特许制（即由王室依据自己的喜好授予专利权），而改用注册登记制，鼓励人们将知识应用于新工具、新产品与新流程的发明与创新。在注册登记制之下，只要发明者能够公开其发明，就可得到相应的奖励。这种转变不仅引发了英国长达一个世纪的机器发明热，而且结束了技术的秘传性。

德尼·狄德罗（Denis Diderot，1713—1784）与让·达朗贝尔（Jean d' Alembert，1717—1783）在 1751～1772 年编纂了《百科全书》（the Encyclopédie），这套伟大的文献就记载了这种由技能到技术的巨大转变。这套文献试图以组织化、系统化的形式，把所有的技术知识汇合在一起，使那些没有拜师的人也能通过学习成为技术人才。《百科全书》所记载的每种技术（如纺纱、织布等）均不是出自工匠师傅之手（这一点绝非偶然），而是由分析家、数学家和逻辑学家等"信息专家"所撰写，其中就有伏尔泰和卢梭。《百科全书》隐含的基本思想是：只有对知识进行系统的分析，并加以系统的和有目的的应用，才能使技术在物质世界（体现在工具、流程与产品）卓有成效。

《百科全书》主张，对某一门技术有效的原理对其他任何一门技术也一定有效（也就是技术普遍性）。然而，对于传统的文人及工匠而言，这种观念是无法容忍的。

18 世纪没有任何一所技术学校的宗旨是产生"新"知识，《百科全书》所代表的启蒙运动也是如此，甚至没有人提出要把科学应用于工具、流程、产品，也就是技术上去。于是不得不又等了 100 年，直到 1840 年左右，德国化学家尤斯图斯·冯·李比希（Justus von Liebig）在首次应用科学方法发明有机肥料和浓缩肉精（用于保存动物蛋白）时，产生"新"知识这种观念才被提出。然而，18 世纪的那些技术学校与《百科全书》编纂者所做的工作，或许更为重要。他们搜集、编纂并出版流传千年的技术，把经验转为知识，把工匠师傅的言传身教转变为书本上的文字，把技术的秘密转变为方法论，把工艺流程转变为应用知识。这些都是后来的现代"工业革命"（那场由技术进步所引起的社会与世界文明的变革）所必需的要素。

正是知识的意义的这种改变，使得现代资本主义成为无可抗拒的历史洪流，使现代资本主义社会日益成为世界主要的社会形态之一。在现代资本主义社会，技术进步的速度很快，导致对资本需求的大幅增加，远超工匠的承受范围，因此要求资本集中化。同时，新技术也要求生产集中化，即需要从家庭作坊式生产转变为大工厂集中式生产。在成千上万的小作坊和乡村家庭的工场中，知识难以派上用场。只有在大厂房之下的集中生产中，知识才有用武之地。

新技术还要求大规模的能源供给，而无论是水力还是蒸汽动力，在当时都无法分散获得。不过，这些大规模的能源供给倒是其次，更为重要的是，之前基于手艺的生产模式几乎一夜之间就转变为基于技术的生产模式。其结果是，资本家迅速成为经济与社会舞台上的主角。在此之前，他们在这个舞台上只不过是扮演"配角"罢了。

1750 年之前，大型企业大多归政府所有，归个人所有的几乎不存在。数个世纪以来，欧洲旧世界规模最大的制造企业是威尼斯政府拥有并经营的兵工厂。18 世纪的"工厂"，如德国麦森（Meissen）、法国塞夫尔（Sèvres）等地的瓷器制造厂，也都归政府所有。但到了 1830 年，资本家拥有私人大企业在西方已占据主导地位。又过了 50 多年，到了 1883 年，除了阿拉伯沙漠等偏远地区之外，资本家的私人企业已遍布世界各地。

在此期间，反对技术与资本主义的例子也有不少。例如在德国的西里西亚或英国就出现过多起骚乱，抵制技术与资本主义。但这些骚乱都是地方性的，持续几周，至多几个月，就会平息，还不足以放慢现代资本主义发展与传播的脚步。

现代工业革命的机器与工厂体系的传播速度之快，足以和现代资本主义相媲美，即便遇到一些阻力，也不是太大。

就在瓦特为改良后的蒸汽机申请专利的同一年（1776 年），亚当·斯密发表了《国富论》。然而，《国富论》几乎一点也不重视机器、工厂与工业生产。斯密在书中所描述的生产仍是基于手艺的生产。即使在 40 年之后，也就是在拿破仑战争结束之后，就连敏锐的社会观察家也不认为工厂与机器有什么重要性，其他人就更不用说了。事实上，在大卫·李嘉图（David Ricardo，1772—1823）的经济学中，工厂与机器也没有什么地位。更令人吃惊的是，就连 19 世纪初对英国社会最有洞察力的批评家和小说家简·奥斯丁（Jane Austen）在其作品中也没有提到工厂、工人和银行家。她身处的社会，正如我们现在所说的，是彻头彻尾的资本主义社会，但也是完全的前工业社会，到处都是地主与佃农、牧师与海军军官、律师、工匠与小店主等。只有在大洋彼岸的美洲，亚历山大·汉密尔顿（Alexander Hamilton）很早就看出，基于机器的生产正迅速成为经济活动的中心。他在 1791 年发表了《制造业报告》（*Report on Manufactures*）。实际上，当时就连他的追随者也很少有人重视这份报告，一直到他去世（1804 年）后很久，这种情况才有所改变。

到了 19 世纪 30 年代，奥诺雷·德·巴尔扎克（Honoré de Balzac）频繁在他的小说中描写当时受银行家和证券交易者操控的法国资本主义社会，结果他的书一路畅销。又过了 15 年，工厂体系、机器、（作为新兴阶级的）资本家与无产阶级，成为查尔斯·狄更斯（Charles Dickens）成熟时期作品中的主题。在《荒凉山庄》（*Bleak House*，1852 年）中，狄更斯利用两兄弟之间的差异来凸显当时新旧社会之间极其紧张的社会状态，从而衬托了小说的主要情节。地主管家的这两个儿子都很能干，一个成了北方的大实业家，准备竞选议会议员，对抗地主的权力；另一个则选择继续追随那些破产的、没落的、无能的前资本主义"绅士"。狄更斯的另一部作品《艰难时世》(*Hard Times*，1854 年)，是描写欧洲工业时代的第一部小说，也是迄今为止描写得最有力的一部作品，讲述了一家棉纺厂严重的罢工事件及劳资双方的阶级斗争。

这种社会转变的速度如此之快，前所未闻，造成了社会的紧张局面与新旧秩序的冲突。人们曾普遍认为，19 世纪初的工厂工人，其生活与待遇比他们在前工业化的乡村做工时更为糟糕，但我们现在知道这并不是事实。毫无疑问，他们在乡村的境遇的确可悲，但之所以他们会大批涌入城市工厂，是因为这儿的生活再怎么可怜也要胜过停滞的、专制的、挨饿的农业社会底层的生活。不管怎么说，他们的"生活质量"都要比以前在乡村强得多。威廉·布莱克 (William Blake，1757—1827) 在《新耶路撒冷》(*The New Jerusalem*) 这首著名短诗中表示，希望"英格兰青绿愉悦的土地"能从"撒旦般黑暗的工厂"中获得解放。其实，他心目中"英格兰青绿愉悦的土地"在现实中不过是一个巨大的乡村贫民窟罢了。⊖

工业化从一开始就意味着物质进步，但其给社会带来的变化速度太快，以致许多人深感痛苦。

有些人相信，一旦无产阶级发动暴乱，军队势必对其进行血腥镇压，持此观点的人中就有 19 世纪最大的资本家之一，美国银行家约翰·皮尔蓬·摩

⊖ 我们应该知道，在当时的工业化城镇中，婴儿死亡率急剧下降，而人口预期寿命急剧上升，从而导致欧洲工业化国家人口大幅增加。第二次世界大战后，大批巴西人和秘鲁人涌入里约热内卢和利马的贫民区和市郊。那儿的生活再怎么艰苦，也要比巴西诺莱斯特和秘鲁阿尔蒂普拉诺高原等贫困地区强得多。印度人至今还说，即使是孟买最穷的乞丐，吃得也比乡村地区的农民要好。

根（J. P. Morgan，1837—1913）。形形色色的自由主义者都认为，尽管资本主义有其固有矛盾，但可以加以改良和修正。但是，19世纪晚期几乎每个有思考能力的人都坚信资本主义社会必然导致阶级冲突，事实上，到了1910年，至少在欧洲（还有日本），这些人开始倾向社会主义。在这些人中，就有19世纪最伟大的保守党人本杰明·迪斯雷利（Benjamin Disraeli）。跨越英吉利海峡，在欧洲大陆与他同属保守主义阵营的奥托·冯·俾斯麦（Otto von Bismarck）也是如此。俾斯麦在1880年后试图通过社会立法来缓和阶级矛盾，而这些法案为后来20世纪福利国家的形成奠定了基础。保守主义阵营的社会评论家、美国财富与欧洲权贵的编年史作家、美国小说家亨利·詹姆斯（Henry James）曾一度对阶级斗争感到着迷和恐惧，并以此为主题写成了他那部最扣人心弦的小说《卡萨玛西玛公主》(*The Princess Casamassima*)。

生产力革命

250年前，当知识的意义发生改变时，知识就开始应用在工具、流程与产品上。这种知识，就是我们现在所讲的工程学校所教的"技术"。1881年，生产力革命开始。这一年，美国人弗雷德里克·温斯洛·泰勒（Frederick Winslow Taylor，1856—1915）首次把知识应用于工作研究、工作分析和工作管理上。

自古以来，人类的发展始终伴随着工作，事实上，动物也是如此，为了生存不得不"工作"。长久以来，西方对工作尊严的赞美广为传颂。《荷马史诗》面世后约100年，即公元前800年左右，赫西俄德（Hesiod）在名为《工作与时日》(*Work and Days*)的一首长诗中，就歌颂了农夫的工作。作为古罗马诗歌的杰出代表之一，维吉尔（Virgil）的《农事诗》(*Georgics*)同样对农夫的工作进行了歌颂。虽然在东方文学的传统中，并没有这种对农夫工作的歌颂，但中国有一年一度的"亲耕礼"——皇帝亲自扶犁，以求风调雨顺、五谷丰登。

无论在西方还是东方，以上这些都是纯粹象征性的表达。无论是赫西俄德还是维吉尔，都没有实际研究过农夫的工作。有史以来的大多时间中，也没有人去这么做。⊖ 以前，工作是奴隶的事情，那些有钱、有权和有学问的人才不会重视。19 世纪的经济学家和工程师大多认为提高工人生产力的唯一途径就是增加其劳动时间（或增加其劳动强度），除此之外，别无他法。

刚刚提到的美国人泰勒，望族出身，既不差钱又不差学问，他却跑去当一名工人，实属意外。因为眼疾，泰勒不得不放弃到哈佛求学的机会，而去一家钢铁铸造厂当了工人。由于天赋过人，他很快就成了这家企业的股东。泰勒在金属加工工艺上的发明使他早早就步入了富人的行列。正是 19 世纪末期资本家和工人之间愈演愈烈的相互敌对给他带来的巨大冲击，促使他对工作（过程）进行了研究。换句话说，泰勒看到了阶级斗争（冲突）的存在，同时，他想避免阶级冲突的发生。于是，他着手研究如何提高工人的生产力，从而使他们赚取更高的收入。

泰勒（科学管理）的研究动机不是为了提高效率，也不是为资方创造利润。他直到去世还坚持认为：生产力的提高，最大的受益方必然是劳方，而不是资方。他的主要动机是要创立这样一个社会，即通过将（管理）知识应用于工作过程，提高劳动生产率，这样劳资双方都可以从中获益，从而停止对抗，构建和谐的关系。迄今为止，最能领略其中真义的恐怕就是第二次世界大战后日本的劳资双方。

泰勒在知识史上的影响力，几乎无人能出其右。但与此同时，几乎没有

⊖ 到目前为止，仍然没有工作史研究；尽管出现了知识的哲学化研究，但仍然没有知识史研究。在 21 世纪初，二者都应该成为重要的研究领域。

人像他那样受到恣意的误解，也没有谁的著作像他的著作那样被频繁地错误引用。[○] 泰勒之所以遭此厄运，一部分原因在于历史证明了他是对的，而众多的知识分子是错的；而他之所以至今仍被忽视，一部分原因在于人们对工作的蔑视，尤其是那些知识分子更是如此。的确，铲铁砂的工作（源自泰勒著名的"铁锹试验"）不会是"文人墨客"赞赏的东西，更不用奢望这种工作在他们心中有多重要了。

　　泰勒受到指责，更大的原因在于他将知识应用于工作研究上。这就等于向保护工人利益的工会组织发起挑战，于是它们对泰勒的人格进行恶意中伤，这是美国史上最臭名昭著的一次诽谤事件。

　　在工会眼中，泰勒的罪名是他断言根本就不存在所谓的"技术工作"，凡是需要手工操作的，都是普通的"工作"。按照他的"科学管理"理论，对于任何工作都可以进行同样的分析。任何工人，只要他愿意按照工作分析的指示去干，那他就是"一流的工人"，也理应获得"一流的工资"，也就是说，理应获得跟有多年学徒经验的熟练技术工人相同或更高的工资。

　　在泰勒生活的时代，第一次世界大战前美国负责战备生产的国有军工厂与造船厂的工会，享有相当高的地位与权力。这些工会实行技术垄断制，新发展的会员只局限于老会员的儿子或亲属。它们要求新会员必须干够5～7年的学徒期，期间完全没有系统的培训或工作研究，技术完全靠"口口相传"，不著文字，甚至连设计蓝图和其他工作图纸都没有。此外，工会成员还被要求必须发誓保守技术秘密，不许和非工会成员探讨有关工作之事。但泰勒主张：工作可以通过研究和分析分割成一系列简单的重复动作，每个动作都要以唯一正确的方式，用最短的时间，使用最合适的工具去完成。对工

　　○　事实上，关于泰勒，直到1991年查尔斯·D.雷吉（Charles D. Wrege）和罗纳德·J.格林伍德（Ronald J. Greenwood）合著的《弗雷德里克·W.泰勒：神话与现实》（*Frederick W. Taylor: Myth and Reality*）一书问世，才有了对他的客观描述。

会来说，泰勒的主张就等于当头棒喝。因此，工会开始诽谤他，还成功地迫使国会立法在国有军工厂与造船厂禁止工作研究，这一法案直到第二次世界大战以后才被废止。

泰勒的工作研究既得罪了资方，又得罪了工会，并没有使事态朝好的方向发展。对工会而言，他没有丝毫利用价值，同时，他对资方嗤之以鼻，称其为"贪婪的猪"。泰勒坚持认为通过科学管理所获的收益应由劳方获得最大份额，而不应是资方。雪上加霜的是他的"第四原则"的提出——即使不能与工人合作开展工作研究，也至少要与他们进行沟通协商，这引起了资方的更多不满。

泰勒还主张，谁是工厂的权威，不能看谁拥有工厂的所有权，而要看谁拥有高深的知识。换句话说，他所要求的就是我们今天所说的"专业管理"知识，但这在 19 世纪资本家眼里，可谓是十足的异端，令人厌恶至极。他们对泰勒进行了猛烈的攻击，斥其为"捣乱分子"。（他的一些密友，尤其是他的左膀右臂之一卡尔·巴斯，确实曾公然宣布自己是"左派"，强烈反对资本家。）

泰勒所认为的公理，即所有以手工操作的工作，无论是有技巧的还是无技巧的，都可以通过知识的运用来分析和组织，在其同时代的人看来，是相当荒谬可笑的。长期以来，大家普遍接受这样一种观念，即手艺（技能）有其奥秘，并非人人都可以掌握。恰恰是这种观念，使希特勒在 1941 年对美国宣战。希特勒认为，美国要想将其有生力量运至欧洲战场，就必须有一支庞大的运输船队，而当时美国没有多少商船可用，用于海上护航的驱逐舰更是少得可怜。希特勒进一步认为，现代战争需要大量的精密光学仪器，而当时美国缺乏技术熟练的生产光学仪器的工人。

希特勒的看法绝对是正确的。当时美国的确没有多少商船可用，而驱逐舰不仅数量少得可怜，而且设备陈旧。此外，美国也几乎没有什么光学产业。但是，通过运用泰勒的"科学管理"原理，美国可将完全没有技术的工人（他们大多来自美国南方前工业化的种植园地区），在短短的两三个月内，培训成一流的焊工或造船工。美国还以同样的方式在几个月内培训了一些完全没有技术的工人，再加上采用了流水线生产，结果生产出来的精密光学仪器比德国的还要好。

总的来说，泰勒最大的影响很可能是在工作培训方面。比泰勒早100多年的亚当·斯密曾想当然地认为，一个国家或地区若想获得制造优质产品的必要技术，至少需要50年（很可能至少100年）。他举了波希米亚（Bohemia）与萨克森（Saxony）的乐器制造、苏格兰的丝织品制造等例子来支持自己的观点。70年后，也就是1840年左右，一个名叫奥古斯特·博尔西希（August Borsig，1804—1854）的德国人（他也是英国之外最早制造蒸汽机车的人）创立了一种的新学徒制度，即建教合作制，将工厂师傅所教的学徒经验与学校的理论学习结合起来。这种制度至今仍是德国工业生产的基础。但是，即使是博尔西希的建教合作制，学徒期也长达3~5年。从第一次世界大战开始，尤其是在第二次世界大战期间，美国运用泰勒的方法，短短几个月时间就能训练出"一流的工人"。这比其他任何因素更能解释为何美国能够迅速生产出战争物资，从而在第二次世界大战中最终击败日本与德国。

现代史上所有早期的经济大国，如英国、美国、德国等，都是在技术上取得领先优势而迅速崛起的。而第二次世界大战后新兴的经济体，最早是日本，然后是韩国、新加坡等，都将自己在经济上取得的成就归功于泰勒的培训方法。他使这些国家与地区迅速摆脱了前工业化和工人收入低的状态，一跃成为世界一流生产力的代表。在第二次世界大战以后的几十年中，泰勒的培训方式成为推动经济发展唯一真正有效的引擎。

将知识运用于工作，导致了生产力[⊖]的激增。数百年来，工人制造或搬

　　⊖　"生产力"一词在泰勒的时代还未出现，事实上，直至第二次世界大战时期美国首先使用了这个词后，它才为人所知。直至1950年，最具权威性的词典《牛津简明英语词典》仍没有以现在的含义阐释"生产力"一词。

运物品的能力一直没有得到改善。随后，机器的出现才使社会生产力有了显著的提高。但是，工人本身的生产力，跟以前古希腊的奴隶、古罗马帝国的筑路工人以及为文艺复兴时代佛罗伦萨带来巨额财富的梳羊毛工人一样，没有任何提高。

自泰勒将其知识运用于工作后的短短几年中，社会生产力便以每年提高3.5%～4% 的速度持续递增，这就意味着社会生产力每隔 18 年左右就会翻一倍。自泰勒时代至今，所有发达国家的生产力水平均已提高了 50 倍左右。这种社会生产力的提高前所未有，因而导致了发达国家生活水平与生活质量的明显改善。

这种提高的生产力，有一半现已转化到购买力的增加上，也就是生活水平的提高上；另有 1/3～1/2 已转化到休闲时间的增加上。直至 1910 年，与之前一样，发达国家的工人每年至少工作 3000 小时以上。到了今天，就连以"工作狂"著称的日本人，一年也就工作 2000 小时，美国人差不多 1850小时，德国人最多也就 1600 小时，但他们每小时的劳动生产率是 80 年前的50 倍左右。这些多出来的生产力，部分转化到了医疗和教育等项目中，在发达国家，用于前者的预算开支从过去占国民生产总值（GNP）的 0% 提升至目前的 8%～12%，而用于后者的预算开支则从过去的约 2% 提升至现在的 10% 或更多。

正如泰勒所预言的，生产力提高的主要受益者是工人，也就是无产阶级。1908 年，亨利·福特（Henry Ford，1863—1947）推出第一辆廉价的T 型车。然而，说其"廉价"，是和当时市场上的其他种类的汽车相比较而言的。如果按当时的平均收入水平计算，它的价格相当于今天的一架双引擎私人飞机的价格。当时，一辆福特 T 型车的售价是 750 美元，相当于美国一个产业工人三四年收入的总和。这还是按每天 80 美分的工资计算的（当时这个收入还算不错），而且，这些工人除了工资外，几乎没有任何

"津贴"。在那个年代，就连美国的医生也很少能达到年收入 500 美元以上。今天，在美国、日本、德国等国家，一个加入工会组织的汽车工人，每周只需要工作 40 小时，一年就能挣到 50 000 美元（这一数字包括工资和津贴，税后约 45 000 美元），这大约相当于 8 辆普通新车的总价。

到了 1930 年，泰勒提出的科学管理（尽管之前遭到了一些工会与知识分子的反对）已经横扫发达世界。

如果说泰勒没有得到应有的评价还是小事，那么直到现在还鲜有人明白，正是知识运用于工作，才使得这 100 年来的社会生产力有了突破性的增长，从而创造了发达经济体。这可就严重了：这 100 年来社会生产力的增长，技术专家将之归功于机器，而经济学家将之归功于资本。其实，以 1880 年为分水岭，在之前资本主义发展的头一个 100 年中，与之后的第二个 100 年中，技术与资本对生产力的贡献是差不多的。然而，在头一个 100 年中，工人的生产力绝对没有明显提高（从而导致他们的实际收入没有明显提高，劳动时间也没有明显减少），而在第二个 100 年中，他们的生产力却大幅提高。之所以存在如此之大的区别，我们只能解释为：这是将知识运用于工作的结果。

只有将知识运用于工作，知识社会的新兴阶级的生产力才能得到提高，而机器与资本均做不到这一点。实际上，如果单靠它们二者之一，很可能会适得其反，反倒会阻碍生产力的发展。关于这一点，我们在第 4 章会做进一步的讨论。

在泰勒刚开始对工作进行研究时，劳动力人口中的 90% 从事体力工作（如制造、搬运物品一类的工作），他们广泛分布于制造业、农业、矿业、运输业等行业。这种从事体力工作的劳动力人口的生产力，现在仍以每年 3.5%～4% 的速度增长，达到了历史最高水平，而在美国和法国的农业部门，增长率甚至会更高。但"生产力革命"到目前为止也已结束。40 年前，也就是在 20 世纪 50 年代，在发达国家从事体力工作的劳动力人口占总体劳动力人口的绝大多数。到了 1990 年，他们所占的比例已削减至 1/5。预计到 2010 年，这一数字不会超过 1/10。仅靠提高制造业、农业、矿业、运输业中体力劳动者的生产力，再也不能创造出更多的财富。从这个意义来说，生产力革命已经成为其自身成功的受害者。从现在起，对于创造财富来说，至关重要的是提高非体力劳动者的生产力，这就要求我们将知识运用于知识本身。

管理革命

1926 年，从高中毕业后，我决定不去念大学，而是去工作。父亲对此相当恼火，因为我们的家族成员一直都是从事律师、医生等上流职业的。但他当时并没有称我为"辍学生"，也不打算让我改变主意，更没有预言我今后一定会一事无成。当时我认为自己已经成年，应负起责任去找份工作，养活自己。

30 年后，我的儿子 18 岁了，我却逼着他去念大学。就像我当年一样，他高中毕业后，也想做一个真正的成年人，去找份工作，养活自己。他觉得已经在学校念了 12 年，也没学着什么东西，因此就算到大学再念 4 年，也未必能多学多少。他跟当年的我一样：注重实际行动，而非书本知识。

高中毕业后，我跑到一家出口公司实习。然而到了 1958 年，情况发生了转变，要想求职，就必须得有大学文凭。在那个时代，对于像我这样出身望族、高中成绩优异的年轻人来说，不去读大学就意味着被逐出了上流社会。在我高中毕业时，父亲不费吹灰之力就能帮我在一家小有名气的贸易公司找到工作。但 30 年后，这些公司再也不会让一个高中毕业生去实习了。它们会说："再去念 4 年大学吧，可能的话，你接着念，最好拿个硕士、博士文凭再来找工作吧！"

　　我的父亲出生于 1876 年。那个时代，大学是为有钱人家的孩子准备的，只有极少数出身寒门但才华横溢的年轻人才有机会踏入大学的门槛。19 世纪美国成功的企业家中，只有一个人念过大学，他就是大银行家摩根。他曾远赴德国，在哥根廷大学攻读数学，但不到一年就退学了。其他人中，上过一两年高中的都寥寥无几，更不用说拿到高中文凭的了。[⊖]

　　到了我这一代，情况就不同了，上大学并非那么遥不可及，通过努力就有实现的可能。但如果说只要上大学就一定有助于社会地位、生活水平的提高和职业生涯的发展，这在当时也是不现实的。当我第一次对通用汽车公司（General Motors）做调查研究[⊖]的时候，该公司的公关部门极力隐瞒他们公司很多高管上过大学的事实。当时通常的做法是，无论哪个行业，人们都要求从基层干起，然后一路升迁，直至坐到高管的位置。[⊜]到了 20 世纪五六十年代，在美国、英国、德国等国家（不包括日本），念过大学并不意味着一定能坐上"开往中等收入家庭的地铁"，以最快的速度迈向中产阶级，而当时最好的做法是在 16 岁就去一家有工会组织的大型制造业企业工作。在这些企业工作上几个月，就会拿到中等收入水平的薪金，这便是生产力水平爆炸性提高的结果。但到了现在，这类机会已一去不复返了。目前的情况是，要想获得中等收入水平的薪金，就必须有一张正式的文凭，用以证明你经过系统的学校学习，已获得了必备的知识。

　　⊖　在伊迪丝·华顿（Edith Wharton）的小说中就记录了 1910～1920 年美国的社会现实。几个出身纽约望族的公子哥去哈佛念书，而且念的还是法学院，但他们毕业后没有一个从事法律工作。他们把上大学看作拥有一种奢侈品，当成一种炫耀、粉饰门面的资本，仅仅是为了潇洒地打发成年后最初几年的时光。

　　⊖　这次调查请详见我的《公司的概念》（Concept of the Corparation，1946 年）一书。

　　⊜　相关内容请参见《旁观者》（Adventure of a Bystander，1980 年，1991 年再版）一书中"斯隆的专业风采"一章。

这种从 250 年前开始发生的知识的意义的改变，导致了社会与经济的变化。如今，正式的知识被视为最为关键的个人资源与经济资源。事实上，知识是今天唯一有意义的资源。传统的生产要素，如土地（自然资源）、劳动力与资本，虽然至今仍未消失，但已经处于次要地位了。现在，只要有了知识，土地、劳动力与资本就会纷至沓来。在这种新的意义之下，知识被视为一种效用，也就是说，获得知识已成为获取社会与经济效益的一种手段。

无论这些发展是好是坏，它们都是对某种无法逆转、无法抗拒的改变所做出的回应。这种改变就是：知识正在运用于知识本身。这是知识转变过程的第三个阶段，或许也是最后一个阶段。实际上，运用知识去找出现有知识创造效益的最佳途径，就是我们所说的管理。但是，知识现在正被人们系统地、有目的地运用，去界定将来需要什么样的新知识，无论这可行与否，也无论必须怎么做才能产生效益。换句话说，知识正应用于系统化的创新。⊖

这场知识运用的第三次变化，我们称之为"管理革命"。正如它的前两次变化（即第一次将知识运用于工具、流程及产品上，第二次运用于工作上）一样，这场管理革命目前已席卷全球。现代工业革命成为主导力量，席卷全球，这一过程大约花了 100 年（从 18 世纪中叶至 19 世纪中叶）；生产力革命的这个过程，大约花了 70 年（从 1880 年至第二次世界大战结束）；而管理革命，仅用了不到 50 年时间（1945～1990 年），就已经成为主导力量，席卷全球了。

大多数人一听到"管理"这个词，就会立即把它当作"企业管理"来对待。管理目前的形态的确是在大型企业组织中最早出现的。大约 50 年前，

⊖ 关于这一点，详见我的《创新与企业家精神》（*Innovation and Enterpreneurship*，1986 年）。

我刚开始研究管理的时候，也主要关注企业管理方面。[⊖] 但我们很快就了解到，不仅仅是企业，几乎所有的现代组织都需要管理。事实上，我们同样很快就了解到，在非企业组织中，无论是非营利性质的非政府组织（NGO，后文中我准备用"社会部门"来称呼它），还是政府机构，它们甚至比企业更需要管理。这些非企业组织之所以更需要管理，是因为它们缺乏企业组织那种"财务账目盈亏底线"的约束。最早认识到管理的应用并不能仅仅局限于企业的是美国，但现在所有发达国家都接受了这一理念。

我们现在知道，管理是所有组织的通用机能，不论它们拥有什么样的职能机构。总之，管理是知识社会的通用机能。

事实上，管理已经存在了很长时间。经常有人问我，谁是最优秀或最伟大的管理者。我总是这样回答："是 4000 多年以前古埃及那些构思、设计并建造第一座金字塔的人，那座金字塔至今仍巍然耸立于浩瀚黄沙之中。"但直到第一次世界大战结束，管理才被视为一种具体的工作，而将其视为一种学科，则是第二次世界大战以后的事情了。直到 1950 年，世界银行开始向各国提供贷款以发展经济时，它也没有用过"管理"这个词。事实上，尽管早在几千年前就已经出现了管理，但是直至第二次世界大战后管理才为人所知。

实际上，对管理有所认识，一部分原因来自第二次世界大战的经验，尤其是当时美国工业在战时的表现。但同样重要的是，由于日本在 1950 年后所取得的成就，管理才被广泛接受。第二次世界大战后，战败国日本虽没有完全沦落为"欠发达国家"，但其工业基础与经济基础基本上已被完全摧毁，况且它还没有自己的技术。这个国家的主要资源就是它情愿采纳并改进的美国在第二次世界大战中发展出来的管理模式，尤其是培训模式。20世纪 50 年代到 70 年代，在美军实际占领的 20 年中，日本一跃成为仅次于

⊖　我的《管理的实践》(*The Practice of Management*，1954 年) 一书首次将管理确定为一门学科，其中大部分对管理的讨论是关于企业的，所举的例子也大多如此。

美国的世界第二大经济强国和世界技术大国。20 世纪 50 年代初，朝鲜战争结束，韩国被战火破坏的程度远超第二次世界大战结束时的日本。韩国以前一直是落后国家，尤其是在日本对其进行殖民统治的 35 年中，它的企业与高等教育更是受到了日本系统化的压制，因此韩国就显得更为落后了。但朝鲜战争后，韩国采用美国高校的教育模式培养有为青年，并引进、消化、吸收美国的管理模式，从而在短短的 25 年中，迅速成为世界发达国家之一。

随着管理在世界范围内的有力扩张，我们也逐渐理解了管理的真义。我最初开始研究管理这门学问，是在第二次世界大战期间或第二次世界大战结束不久，当时经理人还被定义为"为下属的工作负责的人"（someone who is responsible for the work of subordinates）。换句话说，经理人就是"老板"，而管理代表着级别与权力。直到今天，在谈到经理人和管理时，极有可能有相当多的人仍持有这种看法。

到了 20 世纪 50 年代初，经理人的定义已经改变为"为大家的业绩（表现）负责的人"（someone who is responsible for the performance of people）。但现在，我们知道这种定义太过狭隘，正确的定义应该是"为知识的运用及表现负责的人"（someone who is responsible for the application and performance of knowledge）。

这种定义的改变意味着我们已将知识视为最重要的资源，但作为限制因素的土地、劳动力与资本同样是重要资源——没有它们，光有知识也无法生产；没有它们，光有管理也无法执行。但是，如果有了有效的管理，也就是说将知识运用于知识之上，我们往往就能获得其他资源。

知识成为最重要的资源，而不是普通的资源，是我们的社会成为知识社会的主要原因。这一事实从根本上改变了社会的结构，同时，它也创造了新的社会动力、经济动力，以及新的世界政治格局。

从统合（性）知识到专业（性）知识

贯穿知识运用的三个阶段（现代工业革命、生产力革命与管理革命）的前进动力，源自知识的意义的根本改变。现在，人们最需要的已经不是传统的统合（性）知识，而是专业（性）知识。

传统的知识是一般性的、统合性的，而现在我们认为必要（或有用）的知识都是经过细分的、高度专业化的知识。以前我们不讲"有知识的人"（a man of knowledge），而说"有教养的人"（an educated person），这种"有教养的人"就是我们现在所说的通才（generalist）。他们能说会写，讲起大道理滔滔不绝、头头是道，但没有能力实实在在地去做任何一件"有实际用处"的事儿。正如一句谚语所说："你一定想和一位'有教养的人'共进晚餐，但绝不会想和他一起去荒岛，因为在那儿你需要的是一个为了生存什么都会做的人。"事实上，在今天的美国大学里，那些传统的"有教养的人"不再被认为拥有真正的"学问"。这些"百无一用"的书生甚至被贬低为一瓶不满半瓶晃荡的"半吊子"。

马克·吐温的小说《康州美国佬在亚瑟王朝》（*A Yankee at the Court King Arthur*，1889 年）中的主人公就不是一个"有教养的人"。他肯定不懂希腊语和拉丁语，可能也从未读过莎士比亚，甚至连圣经的内容也不知道多少。但是，就是这样一个人，对机械类的活儿干得得心应手，鼓捣发电机、摆弄电话都不在话下，手到擒来。

对于苏格拉底来说，知识的目的是达到自知与自我发展，知识对人产生的效果都是内在的。但对于他的老对手普罗塔哥拉而言，知识的效果是外在的，表现在知道说什么、如何说才能更好的能力上。用今天的话来讲，这种能力就是一个人的"形象"。普罗塔哥拉对知识的看法统治了西方学术界长达 2000 多年之久。中世纪的三学科，即逻辑、文法与修辞，构成了今天我们所说的"文科教育"的基础，它们是决定我们要说什么、如何说的必备工具，而不是决定要做什么、如何做的必备工具。儒家对知识的看法与普罗塔哥拉极为相似，同样统治了东方学术界与东方文化长达 2000 多年之久。禅宗与道家主要强调"自知"，而儒家对知识的看法正如中世纪的三学科一样，也主要关注逻辑、文法与修辞。

我们现在所讲的知识，是在行动中可以证实的知识，是对行动结果有效的信息。这种知识产生的效果是外在的，主要体现在社会与经济上，或者体现在知识本身的进步中。

为了做成任何一件事情，必须对相关的知识加以细分，使之成为高度学科化的知识。这也就是为什么传统（从古至今"文科教育"一直保留了这种传统）将之贬低为一种技术或一门手艺的原因。这种技术或手艺既不能学又不能教，也不蕴含任何能推而广之的普遍原则。它们被细分为各行各业所需的技术，是靠拜师学艺、积累经验来获得的，而不是靠正规的学校教育来获得的。但是，我们今天所说的这种高度细分的知识不是指某种"手艺"，而是指某种"学科"必需的知识。这是从古至今人类智慧史上的巨大变化。

学科将某种"手艺"所需的知识转化为方法论，比如工程设计、数量分析、病因诊断等科学方法。每一种方法都可以把某一特殊行业的经验转化为知识体系，把秘而不宣的行业技术转化为可以公开的信息，从而可教可学。

这种从统合（性）知识到专业（性）知识的转变，赋予了知识创造一个新社会的巨大力量。但是，这种新社会必须构建于以下认识的基础之上，即它必须拥有专业化的知识和掌握这种知识的专家。这赋予了知识与专家权力，但也向我们提出了关于人类的价值、梦想和信仰的基本问题，这些问题是事关社会凝聚与生活意义的重大问题。其中之一，就是本书最后一章将要讨论的重大而全新的问题：在专业（性）知识社会中，"知识人"的含义到底是什么？

组织社会

　　组织是由专家组成的基于共同的、特定的任务而在一起工作的团体。与社会、社区或家庭等传统的社会团体不同，组织不是基于人类心理本能和动物性需求自发形成的，而是出于某种特殊目的经过精心设计而成的。然而，尽管组织是人类的一种创造，但我们还是期望它能永远存在下去，即使不能永远存在，至少会在今后很长一段时间内继续存在。

　　一个组织往往有自己的专业，至于是什么样的组织，则需要根据其任务来界定。相比之下，社区和社会则由维系人类联系的纽带而界定，这种纽带既可以是语言和文化，也可以是历史和地区等。一个组织只有专注于一种任务，才能有效完成它的使命。交响乐团不会打算去医治病人，它的任务是演奏音乐；医院的任务是救死扶伤，它绝不会打算演奏贝多芬的音乐。打算登顶喜马拉雅山的登山俱乐部，绝不会去照顾尼泊尔无家可归的人，无论这些人的境况有多么糟糕。学校专注于教学研究，企业专注于生产与销售其商品和服务，教会专注于罪人的皈依与灵魂的救赎，法院专注于解决纷争，军队专注于打仗，美国心脏病协会专注于预防心脏功能减退和血液循环疾病的研究。总而言之，社会、社区、家庭是自发形成的，而组织是由某一种任务的驱动而形成的。

"组织"现已成为日常用语。每天都会有人说，"在我们的组织中，顾客就是上帝""在我们的组织中，最重要的是不要超支""在我们的组织中，千万不要犯错，否则他们饶不了你"，听了这些话，大家都会点头同意。目前所有发达国家都已进入"组织社会"，几乎所有的社会任务都由组织来完成，或在组织中完成。这些组织包括企业、工会、军队、医院、学校和大批的社区服务机构等，其中部分是政府机构，更多的（在美国更是如此）则属于非营利性的"社会部门"（详见第 9 章）。当然，这些组织还包括交响乐团（美国有数百家之多）、博物馆、基金会、行业协会、消费者保护机构，等等。

第二次世界大战结束以前，在美国或世界其他任何地方，几乎无人使用（现代意义上的）"组织"一词。就连英国最具权威性的词典《牛津简明英语词典》，在 1950 年的版本中都没有收录"组织"一词的现代含义。政治学家与社会学家常常谈到政府、企业、社会、部落、社区和家庭等，却唯独没有提及组织。今后，"组织"一词必须进入他们的政治学、经济学及社会学的词汇表。

这样的事实，引出了三个相关的问题：

- 组织应该行使什么职能，或者说为什么需要组织？
- 在社会学、政治学和经济学领域，是什么原因导致组织至今仍被忽视？
- 确切地说，组织到底是什么样的，或者说它到底应该如何运作？

组织的职能

组织的职能就是使知识更富有成效，更具生产力。在所有发达国家，正是由于从统合（性）知识到专业（性）知识的转变，组织才成为社会活动的中心。

专业（性）知识分得越细，组织就会越有成效。最优秀的放射科医生虽不是医学方面的专家，但他们知道如何利用 X 光、超声波、CT 扫描仪、核磁共振等技术获得身体内部的影像；最优秀的市场调研员虽不懂管理，但他们是市场研究的专家。然而，无论是放射科医生还是市场调研员，光凭自己，都不能取得工作的整体效果（如为病人治好病、使产品销售出去）。他们的工作只不过是整体工作的一项"输入"，除非加上组织内其他专家的参与和配合，否则不会有任何工作成果的"输出"。各种细分的专业（性）知识自身力量薄弱，只有当它们与相关学科的知识有效整合为一种统合（性）知识时，组织的工作才会富有成效。正是组织所肩负的任务使这种整合成为可能，而组织所肩负的任务恰恰又是组织存在和发挥职能的基础。

如今，我们确实在专业化的道路上走过了头，其中学术界的情况最糟。但是，为"专才"提供"通识教育"以使之成为"通才"的做法（我本人就曾这样鼓吹过多年），并不是真正的解决之道。我们现在知道，这种做法根本就行不通。专才只有作为专才，才能使工作更有成效，对于知识工作者来说，也是如此。最有成效的知识工作者必须是心无旁骛、术业有专攻的专才。神经外科医生的实践越多，他的技术就越精湛；吹法国号的演奏家不会拿起小提琴就成为小提琴家，他们也不会想这么干。专才确实需要通识教育的熏陶（关于这一点，第 12 章还会进一步论述），但说到工作，他们还非得是专才不可，且必须专注于自己的专业。而这就需要组织来整合资源，以使他们的工作富有成效。

独特的"物种":组织

组织在几十年前就已经成为有影响力的社会实体,但是为什么学者要经过那么长的时间才承认它呢?找出这个问题的答案将有助于我们了解组织的来龙去脉、前世今生。

律师们从不关注"组织"这种新兴的社会存在,这一点也不令人感到意外。"组织"同"社区""社会"一样,都不是法律术语。同时,"组织"也不是经济学术语。有些组织,例如企业和工会等,追求经济目标,影响经济,反过来又为经济所影响。而其他许多组织,例如教会、童子军等,又不在经济学家的视野之内。但为何政治学家与社会学家一直严重忽视这种对政体和社会产生重大影响的社会存在呢?

社会学之父,法国人奥古斯特·孔德(Auguste Comte,1798—1857),在其著作中就从未提到组织。不过,在他那个时代,也没有其他人提到。然而,德国人斐迪南·滕尼斯(Ferdinand Tönnies,1855—1936)1888 年的著作《社区与社会》(*Community and Society*,在这部著作中,滕尼斯对现代社会提出了最具影响力的批判),以及现代社会学的守护神——德国的马克斯·韦伯和意大利的维尔弗雷多·帕累托(Vilfredo Pareto,1848—1923)等人的著作,同样没有提到组织。这三位社会学家都敏锐地意识到并尖锐地批判过大企业与大工会的兴起,但完全没有注意到"组织"这种新的社会存在。即便是最近出版的社会科学著作,同样忽视了组织的存在。

有一种解释说,组织之所以至今仍被忽略,恰恰是因为它对政体与社会有着深刻的影响。组织不符合政治学家和社会学家所共同假定的标准。他们仍然假定,一个"正常"的社会是"一元"的,而非"多元"的。但是,由不同组织构成的社会是极度多元的。如若组织受到了政治学家和社会学家的密切关注,那它就一定会被当作一种异常现象甚至一种危险疾病来看待。美国著名劳动经济学家约翰·R. 康芒斯（John R. Commons，1862—1945）的著作《资本主义的法律基础》（*The Legal Foundations of Capitalism*，1924 年）就是一个很好的例子，足以说明他们对组织的敌视与恐惧。

康芒斯认为，组织以股份公司的形式出现，犹如注入（美国）国家肌体的一剂毒药，它严重违背了宪法精神，损害了国家利益。股份公司的出现是由 19 世纪末美国最高法院的一场"阴谋"所致——任意曲解了美国宪法第十四条修正案的原意。事实上，康芒斯的这种论调对任何读者而言，都是浅薄无知的。当时其他所有发达国家，即便没有最高法院或第十四条修正案的帮忙，也接受了股份公司的合法地位——事实上，美国在所有发达国家中是最晚这样做的（甚至比日本还要晚）。然而，康芒斯在其著作中的论调，对于1924 年的读者而言，还是相当有道理的。组织的出现及其运作偏离了正轨，以至于让人们只能用险恶的阴谋来加以解释。几年后，康芒斯的《资本主义的法律基础》一书开始畅销，并成为罗斯福新政时期"反对股份公司联盟"的"圣经"之一。

用美国哲学家托马斯·库恩（Thomas Kuhn）在其《科学革命的结构》（*The Structure of Scientific Revolutions*，1962 年）一书中创造的术语来说，组织的出现是"范式的转变"（paradigm shift）。它与政治学家和社会学家所了解的现实产生了矛盾。正如库恩所指出的，要花上 30～50 年，等新的一代长大成熟并接管这个社会后，学术界才会感知到这种新现实，但如果说让他们完全接受，那就是后话了。

组织至今仍很少受到重视还有另外一个原因。我们对军队、教会、大学、医院、企业和工会等的观察、研究和分析已经进行了很长一段时间，而且研究得也很详尽，但这些机构都有独具一格的特点，被当作特殊的部门来看待。甚至现在，当我告诉采访者们，我的咨询服务范围包括所有这些机构已有 40 多年时，他们仍会大吃一惊。直到最近，大家才意识到，其实这些机构均属同一种类，都是一种"组织"——它们都是"人造"的环境，都是知识社会的"社会生态"，它们之间的共同之处远远多于不同之处。正如我在前面所言，一提到"管理"，很多人（几乎美国以外的所有人）都把它想作"企业管理"，并没有意识到管理其实是所有组织共有的功能。[一] 直至第二次世界大战，随着管理的出现，我们才意识到，原来组织是那么与众不同。组织不是"社区""社会""阶级""家庭"等这些社会学家所理解的现代社会整合器，也不是"氏族""部落""亲属团体"等这些人类学家、民族志学家和社会学家所研究和熟知的传统社会整合器。组织是一种全新的、不同的事物，但它究竟是什么呢？

组织的特征

组织是有特定目标的机构，它之所以能有效地发挥作用，是因为它专注于特定的任务。

假如你对美国肺脏协会的人说："90% 的美国成年人（顺便说一下，人们总是用 90% 这个数字）正承受脚指甲嵌进肉中之痛，我们需要你们在这方面的研究、教育和预防的专业经验来根治这种讨厌的疾病。"他们一定会这样回答："不好意思，我们只对臀部到肩部之间与肺脏有关的部位感兴趣！"

这就可以解释美国肺脏协会、美国心脏病协会或其他组织在医疗卫生方面取得的成就。社会、社区和家庭必须处理来自各方面的问题。但一个组织，无论它是企业、工会、学校、医院、社区服务机构、教会，还是其他什么部门，这样"多元化"地处理来自各方面的问题，就容易导致分裂，从而

[一] 我在《非营利组织的管理》（*Managing the Non-Profit Organization*，1990 年）一书中曾指出，非营利部门的很多人仍然只见树木，不见森林。他们把教会看作教会，把医院看作医院，把社区服务机构看作社区服务机构，没有意识到它们有着共同的属性，即"非营利性"，也没有把它们当作"组织"。

损害了组织的工作能力。组织其实就是一种工具，跟其他工具一样，任务分得越精细，工作能力就越强。

因为组织是由各种专业人才组成的，他们各自有知识领域的局限，所以组织的使命务必非常明确。每个组织必须专注于自己的使命，否则它的成员将无所适从——他们往往会根据自己的专长各行其是而不是将之用于共同的任务；他们往往会根据自己的专长界定"成果"，将自己的价值观强加于组织之上。因此，只有一种明确的、聚焦的共同使命才能使组织成员凝聚在一起，发挥合力，获得预期的效果。否则的话，这个组织很快就会名声扫地。

一个很好的例子就发生在第二次世界大战后推行"社会基督教"（Social Christianity）的那些美国新教教会的身上。1900 年左右，它们投入巨大的资源用于满足迅速工业化的城市社会需求，当时像它们这样成功的组织还极为少见。美国教会在社会中的地位之所以没有像欧洲的教会那样被边缘化，"社会基督教"的发展策略是主因。然而，教会的使命不是参与社会服务，而是拯救灵魂。正是"社会基督教"发展策略的成功使然，特别是在第二次世界大战之后，教会开始全心地投入社会事业。"自由派基督教"（Liberal Christianity）更是利用基督教外衣，深化社会改革，促进社会立法。这样一来，教会摇身一变成为社会机构，成为政治化的组织，也正因为如此，它迅速失去了凝聚力与号召力，从而导致了成员大量流失。

现代组织的原型是交响乐团。有的交响乐团甚至会由 250 名成员组成，每名成员都是专家，是某种乐器一流的演奏者。无论是演奏大号的乐手还是演奏其他乐器的乐手，光靠自己的表演，是无法演奏出交响乐的，只有大家共同演奏才行。交响乐之所以能演奏成功，是因为多达 250 名的乐团成员都有一份相同的乐谱，每一名成员都为共同的任务贡献一己之力，也正因为如此，他们在任意给定的时间，都可以共同演奏同一首曲目。

组织的成果往往是尽显于外的。与组织不同，社会、社区、家庭的成果是蕴于内的，是独立的、自给自足的，总之它们的存在是为了自身的利益。但所有组织的存在，都是为了产生外显的成果。

在一个企业中，唯有成本是蕴于内的。"利润中心"（天哪，这是我多年前杜撰的术语）这种说法显然用词不当。在一个企业中，只有成本中心。原因在于，只有消费者花钱购买了产品或服务后，企业才会产生利润。医院的成果是被治愈的病人，他们可以回家（并且再也不想回到医院）。学校的成果是毕业生，他们可将所学应用于自己的生活和工作之中。军队的成果不是演习与军衔晋升，而是对战争行为进行震慑使其不必发生，或一旦发生就打赢战争。教会的成果甚至不在现世。

这就意味着组织的成果与每位成员所做的贡献相差甚远。即使医院也不例外：虽然病人的痊愈（成果）与每位成员（护士或理疗师）的贡献密切相关，但医院的许多专家很难断定他们的贡献是否与医院的成果（病人的痊愈）有关。对于一个病人的康复和痊愈，我们很难说 X 光技术员的贡献有多少，临床实验室研究员的贡献有多少，或营养师的贡献有多少。

在大多数的机构中，成员个人的贡献往往湮没并消失于组织任务与成果之中。如果企业破产，工程部门表现得再好又有何用呢？但是，如果工程部门不是技术一流，没有奉献精神，也不努力工作，那么企业很可能就会破产。换句话说，组织的每一成员都做出了重要贡献，缺少了其中任意一个，组织就不可能取得成果（至少在理论上是这样）。但光凭成员个人的贡献，组织同样不可能取得成果。

这就要求，作为组织达成业绩的必要先决条件，组织的任务与使命必须明确。组织要求的成果必须界定明确、毫不含糊，如果有可能的话，最好予以量化。

这也要求组织参照其明确的、已知的、客观的宗旨和目标，对自身及表现进行评价和判断。社会、社区或家庭都不必这样设立目标，也不可能做到这一点——它们的检验标准是能否生存，而不是取得某种业绩。

人们加入某个组织往往都是自愿决定的。事实上，对个人而言，也可能没有什么选择的余地。但是，即使在完全被强制加入的组织中（在欧洲长达几个世纪的时间之中，除了犹太人和罗姆人等少数族裔之外，几乎所有人自出生之日起就被受洗成为基督徒），也要小心翼翼地保留自愿加入的仪式。为婴儿主持受洗仪式的教父，就会宣称这个婴儿接受洗礼正式成为基督徒是完全自愿的。

有时，脱离某个组织可能是相当困难的事，例如脱离黑手党、日本的大企业、耶稣会就是这样。但脱离也是可能的，越是以知识工作者组成的组织，其雇员要离开它到别的地方去就越容易（对此，在本章"雇员社会"一节还会进一步论述）。

因此，与社会、社区、家庭不同，一个组织总是要与对手竞争最重要的资源，即合格的、学识渊博的、有奉献精神的人才。

这就意味着组织必须在人力资源市场上招募人才，要像其在市场上出售产品与服务一样卖力，甚至要更为卖力。组织必须吸引人才、留住人才、赏识与奖励人才、鼓舞人才、服务人才并使他们满意。

现代组织由各类知识专家组成，知识不分上下高低，因此，组织成员在组织内部地位平等，互相都是同事关系。没有任何一种知识的"级别"高于其他知识，每种知识在组织中的地位是由其对组织共同任务的贡献来决定的，而不是由其固有的优劣之分来决定的。有句老话讲，"哲学是所有科学之'后'（Queen）"，但要除去肾结石，你要找的是泌尿科专家而非哲学家或逻辑学家。现代组织内的成员不能有上下级之分，他们相互之间必须是平级的关系。

一个组织必须始终处于被管理的状态。社会、社区、家庭或许都有"领导者"，各种组织也不例外。但组织，而且只有组织，是需要被管理的。有些组织的管理方式可能是马马虎虎、断断续续的，比如说，美国郊区学校的家长教师联谊会就是如此，他们选出的工作人员每年仅花上几个小时就能处理好该组织的大小事务。当然，有些组织的管理工作也可能是全职的、费时费力的，比如在军队、企业、工会、大学等人员众多的组织中就是如此。但是，在组织中无论管理方式有何差异，一定要有人做出决策，否则的话，什么也做不成。除此之外，一定要有人对组织的使命、精神、业绩和成果负责。正如交响乐团一样，组织一定要有"总指挥"来掌握乐队的"总谱"——一定要有人来确保组织能专注于其使命，来制定和实施战略（并确保实施），来界定组织的成果是什么。管理层必须拥有绝对的权威。然而，在知识组织中，管理层的工作不是发号施令，而是指出方向。

最后，为了能够开展工作，组织必须拥有足够的自主权。从法律上讲，组织可能是政府的一个机构，比如欧洲的铁路部门、美国的州立大学或日本顶级的广播电视网 NHK 等。在实际运作中，这些组织必须能做到"独立运作"，——若事事习惯于按"政府政策"来办，那很快就做不下去了。

说起来，所有这一切都是明摆着的，然而，这些特征都是全新的，是作为新的社会存在的组织所独有的。

作为"减稳器"的组织

社会、社区、家庭都是自我保护性机构，它们总是努力保持稳定，避免（至少是减缓）改变。但是，知识社会的组织是一种"减稳器"（destabilizer），它的功能是使知识在工具、流程、产品、工作与知识本身上发挥作用，因此，它必须组织起来，去接纳不断出现的变化。同时，它必须组织起来，去接纳创新，去接纳奥地利裔美籍经济学家约瑟夫·熊彼特（Joseph Schumpeter）所说的"破坏性创新"。组织必须有组织地、系统地放弃已确立的、习惯的、熟悉的、感到舒适的一切，无论是产品、服务、流程、人际关系、社会关系、技术，还是组织本身。知识变化得如此之快，今天还是确定无疑的事，明天就变得荒谬无比，这就是知识的本质。

与知识的变化相比，技术的变化则显得缓慢而少见。假如苏格拉底（曾为石匠）死而复生，去一家石场工作，那么唯一显著的变化是他要做的东西是刻有十字架的墓碑，而不是以前刻有赫尔墨斯神像的石柱。他所使用的工具和以前相比基本没有任何变化，只不过是工具的手柄中加入了几块电池罢了。[○]在古登堡发明（西方）活字印刷术后的 400 年中，印刷术几乎毫无变化，直到蒸汽机时代到来，工程学应用于技术上，印刷术才得到了发展。纵观历史，工匠往往只需经过五六年的学徒期，在十七八岁就可以学会一辈子都用得着的一门手艺。但在知识社会中，可以肯定地说，任何一个有知识的人每隔四五年就必须得学会新知识，否则的话就会落伍。

一般来说，对一门知识产生重大影响的变化都不是来自其自身所在的领域，印刷术就是如此。今天的制药业深受遗传学与生物学知识的影响，发生了巨大的变化，而在 40 年前，就连在制药实验室工作的研究人员都几乎没听说过这两门学科。同样，铁路面临的最大挑战不是来自自身的改变，而是来自小汽车、卡车和飞机。

在创造新知识与淘汰旧知识方面，社会创新与新科学或新技术同样重要。事实上，社会创新往往更为重要。商业银行，这个 19 世纪最为"骄傲"

　　○　在西班牙，靠近恩波利亚古城的科斯达布拉瓦海岸有一个小型博物馆，它展出了公元二三世纪工匠使用过的工具。它们与今天的工具毫无差异，今天的工匠不费吹灰之力就能知道如何使用它们，全然意识不到这些工具已有的 2000 年的历史。

的机构目前出现了世界范围的危机，原因并不在于计算机或其他任何技术的改变，而是非银行性金融机构认识到自己同样可以使用商业票据（一种古老而鲜为人知的金融工具）为企业融资。这就导致银行很快失去了它垄断 200 多年的业务——商业贷款，这也是银行最大的收入来源。对于知识而言，在过去的 40 年中，其最大的改变极有可能是"有目的的创新"，这种创新无论出现在技术领域还是社会领域，都已成为组织完善的学科，它既可以教，又可以学。⊖

至今人们仍普遍认为，基于知识的迅速改变并不仅仅局限于企业。如果工会（除企业外，这是资本主义社会的另一成就）想要生存，它显然也需要这种改变。在第二次世界大战结束后的 50 年中，没有任何组织的改变能与军队相媲美，尽管制服与军衔仍没有什么改变，但武器已发生了翻天覆地的变化，这一点从 1991 年的海湾战争就可以清楚地看到。军事理论与军事观念的改变更是巨大，军队的组织结构、指挥结构、上下级关系及部门职责均是如此。

由此，我们得到的一个启示是：当今社会的每种组织都必须把"变革管理"（the management of change）纳入其结构之中。

每个组织都必须将"有条理地放弃一切"纳入其结构之中。每隔几年，针对每个流程、产品、程序、政策，它都必须学会问自己："假如过去我们没有做这件事，那么根据我们现在所了解的知识，现在我们会去做吗？"如果得到的答案是否定的，组织就必须追问："那么现在我们需要做些什么？"组织必须做些什么，而不是继续研究一下再决定。从长远来看，组织必须有计划地放弃，而不是尽可能地延长某种成功的政策：持续某种做法或生产某种产品。到目前为止，只有日本的一些大企业敢于直面这个

⊖　关于这方面的论述，请参见我的《创新与企业家精神》（*Innovation and Entrepreneurship*）。

问题。⊖

　　同时，组织必须具备创新的能力。具体来说，每个组织都必须把以下三种系统的创新纳入其结构之中。首先，组织必须不断改善所做的每件事，这个过程日本人称作"kaizen"（改善）。纵观历史，每一位艺术家都不断地进行"改善"，也就是有组织地、持续地提高。但是，到目前为止，只有日本人（或许是由于他们的禅宗传统）将之融入日常生活和在企业的工作中（虽然还没有完全融入唯一恪守传统的大学）。"改善"是为了提高产品或服务的质量，使其在两三年内成为完全不同的产品或服务。

　　其次，每种组织必须学会"开发利用"（exploit），即从同类的成功中开发新的应用。在这方面，又是日本企业做得最好，这一点从日本家用电器制造商身上就可以看出。它们在美国发明的录音机的基础上，不断研发出自己的新产品。但是，充分利用其他不同种类的成功，也是一种成功之道，美国的教牧式教会（pastoral church）就是如此。教牧式教会的快速发展壮大，正在填补因传统"社会基督教"与正统基督教逐步没落而产生的空白。

　　最后，每种组织都必须学会如何创新。而且，创新能够也应该被组织作为系统化的过程。

　　当然，创新之后组织必须再次放弃，之后这一过程将重新开始，反复进行。

　　除非如此，否则基于知识的知识社会的组织，很快就会发现自己落伍了，失去了运作能力，也很难吸引并留住它所依赖的知识专家。

　　此外，我们得到的另一个启示是：知识社会必须下放权力。在这种社会中，每种组织必须能够迅速决策，这就需要将权力下放给那些接近组织运作、市场、技术、社会变化、环境变化、人口变化的人去做决策——这些都必须被视为创新的机会，并得到利用。

⊖　关于这方面的论述，请参见我的《管理未来》（*Managing for the future*，1992 年）第 24 章"日本企业的新战略"（The New Japanese Business Strategies）。

因此，知识社会的组织常常破坏社区的稳定，使之混乱不堪。组织必须改变对技术和知识的要求。社会明明需要的是遗传学家，工科院校却开足马力教授物理；银行明明需要的是投资人，它们却早就成立了信贷分析部门。企业将在当地提供就业机会的工厂关闭，或启用一群 25 岁上下却懂得计算机模拟技术的"小青年"，用于取代那些早已两鬓斑白、一生苦练技术的模具工。妇产科的知识与技术发生了改变，医院就将孕妇转至独立的"分娩中心"去生产。医学知识与医疗技术发生了改变，对于一家只有不到 200 张床位、没有什么经济效益又不能提供一流医疗服务的医院而言，我们早就做好了将其关闭的打算。同样，如果社会的人口、技术或知识的改变导致学校的规模、教育理念无法满足培养人才的需要，我们就必须将其关闭（无论它们如何深深根植于当地社区，也无论它们受到何种偏爱），使之卸下所肩负的社会责任。

以上的任何变化都会造成社区的混乱、破坏，使社区丧失一贯的连续性。同时，任何变化都会造成社区的"不公平"，破坏稳定。

现代组织还会造成社区的另一种紧张状况：它就开设在社区之中，员工就生活在这儿，说共同的语言，送孩子到社区的学校上学，在社区投票，向社区纳税。因此，组织必须与社区打成一片，完全融入，况且，它们的成果也产生在这里。然而，组织不能完全湮没在社区中，也不能从属于社区，它的文化必须超越社区范围。

正如美国人类学家爱德华·T. 霍尔（Edward T. Hall）在其《无声的语言》（*The Silent Language*，1959 年）一书中所指出的，在每个社会中，最重要的沟通方式不是言语沟通，而是文化沟通。这种沟通可以通过人们的站立姿势、行走姿势以及做事方式等进行。霍尔指出，一名德国医生与其患者的沟通方式就与英国、美国、日本的医生大为不同。如果美国华盛顿的几位官员被要求参加当地一家连锁杂货店的会议，讨论下周的促销广告，他们肯定会摸不着头脑，但他们不费气力就能理解其他同事所讲的某地官僚尔虞我诈的事。尽管我们听说过许多"管理风格"的差异，但一家日本大企业要完成的任务，与一家美国、德国或英国的大企业没什么两样。

一个组织的文化是由其任务的本质决定的，而不是由其完成任务所在的社区决定的。同样，每个组织的价值体系也是由其任务决定的。世界每所医院、学校和每家企业都必须相信，它所做之事对当地社区、社会而言都是重要的贡献，是当地社区其他所有人共同依赖的贡献。为了成功完成任务，组织必须以同样的方式去协调，去管理。在文化方面，组织必须超越社区范围。如果组织文化与社区价值观发生冲突，组织文化必须获胜，否则组织就不会为社会做出任何贡献。

有句古老的谚语说"知识无疆界"（knowledge knows no boundaries），然而，迄今为止，还没有几个"跨国界"的组织，甚至"多国家"的组织也不多见。必须说明的是，每个知识组织必定是非国家、非社区性质的。

雇员社会

仅仅 50 年前，除了作为法律术语，"雇员"（employee）一词很少被英国人或美国人使用。当时，人们经常讲"劳方与资方"（capital and labor），或"管理方与工人"（management and the worker）。"雇员"的德语同义词是"Mitarbeiter"，当时在德国也很少有人使用，就算用到了这个词，也通常指底层的办事员，相当于另一个德语单词"Angestellter"或西班牙语单词"empleado"。"雇员"是一个很令人尴尬的词，它没有明确的含义，它在其他语言中的所有同义词也是直到最近才被普遍使用的，同样没有什么明确的含义。这是一种全新的社会现象，至今我们也找不到一个合适的词来表述它。

　　根据定义，"雇员"指通过工作而获取报酬的人。然而，在美国，最大的"雇员"群体是没有报酬的工作者。美国每两个成年人中就有一个（共有9000万人）在非营利组织中担任义工，不领取薪水，很多人每周至少义务工作 3 小时。[⊖] 很显然，他们是"员工"（staff），而且他们自己也这样认为。然而，他们事实上是志愿者，没有领取任何报酬。

　　从法律上讲，许多"雇员"并没有被人雇用，他们是"为自己打工"。一个世纪以前，被雇用的人，也就是为其他人工作的人，是为"主人"工作，而不是为组织或"老板"工作。当时，有工人在工厂工作，也有一些家仆为"主人"工作，直到第一次世界大战，发达国家中工人的数量才远远超过家仆。当时还有店员、售货员等。受过教育的人，一般来说，都是"独立"的工作者。在 1913 年，在世界上除英国与比利时之外的所有国家中，农业人口占总体劳动力人口的比例最大，这些农民在自己的土地或租来的土地上为自己工作。

　　今天，在所有发达国家中，农民占总体劳动力人口的比例已经很低了，而家仆基本已经消失了。那些受过教育、拥有知识的人，在六七十年以前是"独立"的工作者，而现在要么为别人打工，要么为自己打工。

　　我们需要找到一个词来描述这些人，但没有找到。我们也许只能把知识社会的"雇员"定义为"只有通过组织才有能力做出贡献的人"。至于他们是否有报酬，就是次要的了。如果他们是为自己打工，因为向组织提供服务或通过组织提供服务，也算得上是做出了贡献。他们包括英国国家卫生署（The British National Health Service）所管理的医生、为美国"独立医疗服务机构"工作的医生、会计师和审计师等。这些人可能并没有拿到"工资"（wage），拿到的只是"服务费"（fee）。但是，他们只有通过组织才有能力做

　　⊖　关于这方面的论述，请参见本书第 9 章。

出贡献，这跟受雇于组织并按时获取报酬没什么不同。

我们的收入水平、受教育程度和社会地位越高，就越有能力通过组织做出贡献。正如知识社会已经成为组织社会一样，它也已经成为雇员社会。之所以叫法不同，只不过是因为我们对同一社会现象的描述采用了两种不同的方法而已。

就从事基层（底层）服务的雇员而言，比如超市收银员、医院清洁工、货车司机等，他们的地位可能与过去挣工资的"工人"相差无几，可以称之为这些"工人"的直接后继者。这些从事基层（底层）服务的雇员，已占总体劳动力的1/4，在数量上已经超过了产业工人。他们的社会地位、生产力以及尊严问题是知识社会面临的核心社会问题（关于这一点，将在第4章中予以讨论）。

另一团体——知识工作者的地位就截然不同了。

知识工作者唯有通过组织才能发挥作用。从这方面讲，他们是依赖组织生存的。但是，他们同时拥有"生产资料"，也就是他们的知识。在发达国家，他们占总体劳动力的1/3，技术性的服务工作者约占另外的1/3。

工人不再拥有生产工具，他们只有依赖资本家提供的生产工具才能生产，机器越昂贵，他们就越依赖资本家。

知识雇员也不例外，他们同样需要生产工具。对知识雇员使用的生产工具的资本投资，可能远远超过对制造业工人的资本投资（社会投资方面也不例外，对知识工作者教育方面的投资肯定是体力劳动者的数倍）。但是，除非知识雇员将其知识运用于这些生产工具之上，否则这些资本投资就打了水漂。

工厂的机器操作员一切按照指令工作。机器不仅决定他们要干什么，还决定了要怎么干。知识雇员可能同样需要一台机器，无论是计算机、超声波分析仪，还是天文望远镜，但是，它们都不能决定知识雇员应该干什么，就更别提该怎么干了。若没有知识（知识雇员所拥有的财产），这些机器就是摆设，没有丝毫用处。

资本主义社会的工人完全单方面依赖机器。但在雇员社会，雇员与生产工具的关系是相互依赖的，两者缺一不可。尽管生产工具，例如超声波分析仪，只能固定在一个地方不动，但操作它们的技术人员能来去自由，知道如何操作它们并能够解读其产生的数据。机器完全依赖于雇员，而不是相反。

纵观历史，工人都得按指令工作，处于被"监督"的状态之下。他们被告知该做什么、怎么做，以及要多快做完等。实际上，知识雇员不能被监督。除非他们的知识在组织中比其他人更专业，否则无论组织的计划与目标是什么，他们实际上都是毫无用处的。

营销经理可能会告诉市场研究人员，公司需要了解某种新产品的设计与这种产品的细分市场和定位。但是，市场研究人员有责任告诉公司总裁，需要做什么样的市场研究、如何做以及研究结果意味着什么。空军基地的指挥官决定执行某项任务需要派出多少架飞机以及这些飞机的型号各是什么，但是，在执行任务前，总是由地勤组组长（尽管他们的军衔低，甚至还不是少尉军官）告诉指挥官哪些飞机性能良好、哪些飞机需要维修。只有愚蠢至极的指挥官才会驳回地勤组组长的意见，如果驳回了，这位指挥官恐怕也干不了多久了。

雇员社会的雇员需要成为组织的一员，没有组织，他们就无法做出贡献。然而，他们可以来去自由——他们可以随时携带自己的生产工具（知识）频繁跳槽。

20 世纪八九十年代，美国的许多企业经历了结构重组的阵痛期，企业或被并购、被分拆，或清算破产，造成数以千计的雇员失业。然而，短短数月内，他们大都重新找到了工作，将知识运用到新的岗位上。起初，这种转型对他们来说极为痛苦，他们的薪金多半不如以前，他们过得也不如以前自在。但是，这些被解职的技术人员、专业人员与经理人很快发现，原来他们也拥有自己的"资本"——知识，他们也拥有生产资料。而组织拥有生产工具，两者需要相互结合，相互依赖，缺少任何一方，都不能进行生产和运作。

日本人至今仍恪守对企业的忠诚与终生承诺，对知识雇员、专业人员、经理人、技术人员而言更是如此。但是，在1989年，日本爆发了一件大丑闻：里库路特事件（Recruit Affair）。里库路特，一个迅速成长的出版商，以赠予公司股票的形式向日本政客行贿。是什么原因使里库路特的股票有这么大的吸引力？又是什么原因使里库路特如此赚钱？原来，这家公司出版的杂志，内容完全是招聘信息，主要提供给想要跳槽的技术人员、专业人员和中层经理。日本人曾对外国人讲，在东京的地铁中，中年人大多在看成人漫画，而年轻人大多在看招聘杂志。在日本，尽管人们仍然强调对企业的"忠诚"与"终生承诺"，但年轻一代的知识雇员频繁跳槽，远不如他们的父辈那样重视对企业的忠诚。

今后，单靠薪金再也买不回员工对企业的忠诚了。组织必须向其知识雇员证明，它可以为他们提供发挥作用的平台，以展示职业发展的机会。不久前，我们还在使用"劳动力"一词，但现在，我们越来越多地使用"人力资源"。这就表示，现在是由知识雇员自己（而不是老板）在极大程度上决定应该做什么样的贡献，以及明确自己的知识能够带来或应该带来什么样的产出。

在知识社会中，即便是工作技术含量较低的服务工作者，也不是"无产阶级"。从整体来说，这些雇员共同拥有生产资料。从个人来讲，他们之中有钱的人不多，富裕的更少（虽然他们很多人能做到"经济独立"，不必靠家里补贴）。但是，就整体而言，这些人共同拥有生产资料，无论是通过养老基金、共同基金还是退休账户或其他方式。以管理美国的国家或地方政府养老基金的公务员为例，他们为养老基金的持有者（雇员）行使投票权，但他们本人也属于雇员。这些养老基金的管理者是美国唯一真正意义上的"资本家"，而这些"资本家"自己也是知识社会的雇员。他们拿雇员的工资，像雇员一样思考，并且把自己当作雇员来看待，但他们所行使的职能是资本家应该行使的。

我们可以得到的启示是：现在，资本为雇员服务，而在资本主义社会，雇员为资本服务。不过，还有另外一个启示：我们必须重新考虑与界定未来资本和所有权的角色、权力与功能。正如第 3 章将要探讨的，我们必须重新思考"公司治理"（the governance of corporations）的本质。

劳动力、资本及其未来

如果知识是知识社会的重要资源，那么劳动力和资本将在未来扮演什么样的角色并具备什么样的功能呢？

从社会的角度来看，劳动力和资本将面临更多的新挑战（本书第 4 章、第 5 章和最后一部分将讨论）。知识社会成功与否在很大程度上将取决于我们对这些挑战的回应。但从政治的角度来看，资本主义社会所未竟的使命将十分显著——作为生产要素的劳动力的消失，传统资本所扮演的角色和具备的功能的重新定义等。

我们业已步入"雇员社会"，在这个社会中，劳动力不再是一项资产。与此同时，我们步入了没有资本家的"资本主义社会"。除了自然法则，这种"资本主义社会"无视一切至今仍被认为是不言而喻的真理——政客、律师、新闻记者、工会领袖、商业领袖……简言之，无论其政治理念如何，几乎所有人都认同这个观点。正因为如此，劳动力的消失、传统资本的重新定义等重大话题将是未来几十年政治上的聚焦点。为了能够成功解决这一转型时期面临的新挑战，我们必须先解决资本主义社会还未解决的两大问题：劳动力以及货币资本未来的角色和功能。

劳动力仍是一种资产吗

在"制造业没落"的年代，美国制造业的生产额占 GNP 的比重几乎没有什么变化。在 1975 年和 1990 年，这项比重分别为 22% 和 23%。而在这不到 20 年的时间当中，美国的 GNP 增加了 2.5 倍。换句话说，在这不到 20 年的时间当中，美国制造业生产额的增长超过了 2.5 倍。

与此同时，美国制造业的从业人员却没有任何增加。相反，1960～1990 年，其占美国全部劳动力人口的比例，甚至是绝对数量，均一路走低：从 1960 年的 25% 降至 1990 年的 16%～17%。与此同时，在这 30 年中，美国全部劳动力人口增长了一倍，是有史以来和平时期全球所有国家的增幅之最。然而，这些增加的就业机会，均与制造业和运输业（两大主要以体力劳动为主的行业）无关。

这种趋势必然会继续下去。在未来的 10～15 年，除非遭遇严重的经济萧条，否则美国制造业的产值占 GNP 的比重极有可能维持在 23% 左右，这就意味着美国制造业的产值会有接近两倍的增长。然而，同一时期制造业的从业人员数量占全部劳动力人口的比重，很有可能下降至 12% 甚至更低。这表示美国制造业的从业人员数量会进一步严重减少。

日本在这方面的发展趋势几乎和美国如出一辙。在 1970～1990 年这 20 年中，日本制造业的产值也增长了 2.5 倍，然而制造业的从业人员数量并没有增加。今后，即便制造业的产值有大幅的增长，也不足以弥补制造业工作机会剧减造成的损失。日本和美国的情况相似，预计到 2000 年，制造业的从业人员数量较 1990 年将大幅降低。

虽然美、日两国在制造业发展方面的情况相似，但是两国的反应完全不同。美国虽然还没有慌恐到宣布"美国制造业已死"，但也处处弥漫着"美国制造业江河日下"的沮丧气氛。就对制造业的态度而言，美国人把它等同于提供蓝领工作的机会。而日本人对此的反应完全不同，他们最关心的是制造业产值的增长。因此，日本视制造业过去20年的发展为一种胜利，而美国恰恰认为是某种失败；日本视制造业这个杯子是"半满"的，美国看到的这个杯子却是"半空"的。

美、日对制造业的态度存在差异，最终导致两国在政策上也有极大不同。美国各州、市、县级政府部门正在用尽心思地吸引制造商前来投资设厂，以增加当地蓝领工人的就业。一些贫困的农业州，如肯塔基州和田纳西州，提供长期优惠的税收政策和低息贷款，用以吸引日本汽车制造商前来投资设厂。1992年年初，洛杉矶市与一家快速交通设备制造商签下数十亿美元的合同，这家企业承诺项目完工后，可为当地1500万居民提供97种制造业工作岗位。

与此相反，日本企业正将制造业的体力工作尽快从本国转移到美国、美墨边境地区和印度尼西亚。

在美国，制造业的工作被视作无价的资产；而在日本，它更多地被视为负债。

美、日两国社会结构的差异，可以部分解释它们对制造业相同发展趋势的不同反应。制造与运输这类体力工作就业机会的减少，对美国最大的少数族裔群体——黑人而言，是首要的威胁。在过去的30年中，他们最大的经济收入，来自那些工会组织强大的大型制造业企业所提供的高薪工作。在美国经济和社会的其他所有领域，黑人的经济收入都要比在制造业中得到的少得多。因此，在这些大型制造业企业中，就业机会的大幅减少势必会加剧美国长久以来最为严重、最为令人却步的问题。对这些企业而言，这不仅仅是一种社会问题，更是一种良心问题。

日本的情况就不同了。在日本，几乎所有的年轻人都有高中学历，做体力工作对他们而言完全是大材小用——他们所从事的大多是文职工作。那些继续读大学的年轻人（日本男性青年读大学的比例与美国相同），日后只会从事管理或专业性的工作。如果日本不能减少制造业体力工作的数量，那么就会面临严重的劳动力短缺问题。换句话说，制造业工作岗位的减少恰恰是解决日本所面临的问题的一剂良方。

美国人认为，大多数欧洲人也认为，任何一个国家都需要制造业基础，它可以提供工作机会。但是，日本人坚持认为，既然发展中国家有的是可以从事制造业体力劳动的年轻人（这种情况至少还可以持续 30 年），那么对制造业转移至国外工业基地的担忧就是毫无道理的。一个国家，只要它拥有设计和营销产品的知识工作者，将制造业转移到海外仍然可以毫不费力地生产出低成本、高质量的产品。事实上，日本人认为增加诸如制造和运输业的蓝领工作机会恰恰会削弱发达国家的经济实力。在发达国家的经济体系中，即便那些只接受初等教育的人也会消耗大量的教育投资。这些未来从事制造业体力劳动的人对社会和经济的回报极为可怜，与所消耗的教育投资相比，可能只占1%～2%。可是发展中国家那些从未受过教育的人，只要稍加培训，他们的生产力便会不亚于发达国家的任何一个体力劳动者。日本人认为，在发达国家，如果将创造蓝领工作机会的投资用于推动和发展本国教育，由此保证年轻人接受充足的教育以胜任知识工作，或者至少能胜任高层次的服务性工作，那么无论是从经济的角度还是从社会的角度来看，这种做法都会带来更大的收益。

需要多少劳动力和需要什么样的劳动力

的确，发达国家需要制造业基础，可是事实却更加倾向于日本人的立场。即便美国的农业从业人口目前只占全国劳动力人口的3%（这一数字在第二次世界大战后曾高达25%），但其仍然拥有世界最强大的农业基础。同样，美国可能仍是世界最大的制造业国家，而其制造业从业人口占全国劳动力人口的比例已不足10%（或更低）。

1980年，美国规模最大的钢铁企业——美国钢铁公司（USS），拥有员工12万人。10年后，锐减至2万人，可是钢铁产量却和10年前几乎相同。10年中，钢铁工人的生产力提高了7倍。这一提高的主要原因之一是淘汰了落后的钢铁厂，另一个主要原因是用于购买新设备投资的增加。可是，最主要的原因是重新设计了作业流程和任务分配，从而大幅提高了生产力。

结果，美国钢铁公司旗下几个最好的钢铁厂，现在都成了世界上生产力最高的大型钢铁厂。不过，和世界其他大型钢铁厂一样，大体上它们仍有人浮于事、冗员过多的问题。美国的大型钢铁厂仍在亏损，可是所谓的小型（或微型）钢铁厂（1991年，全美钢铁生产总量的1/3由它们生产）的生产力却是生产力最高的大型钢铁厂的三四倍。美国最好的小型钢铁厂，可以以不到美国钢铁公司1/6的人力完成相同的产量。不仅如此，只要大型钢铁厂能生产的产品，小型钢铁厂也逐渐能生产，产品质量也和它们的不相上下。但必须承认，由于不必采用大型钢铁厂的劳动密集型操作方式，小型钢铁厂才取得了这些成就。在生产流程中，和那些大型钢铁厂不同，小型钢铁厂并没有采用传统费时费力的方法——先熔化铁矿石炼铁，继而将铁炼成钢，它们的生产走了捷径，直接从废钢开始。可以预见的是，未来世界仍有充足的废钢供应，因此小型钢铁厂的这种高效的生产方式仍可继续。

大型钢铁厂与小型钢铁厂的主要差别其实并不在于生产流程。小型钢铁厂雇用的工人不是从事体力劳动的蓝领工人，而是知识工作者。他们将生产流程、化学、冶金学、计算机技术等知识运用于工作之中，改变了以往大型钢铁厂里只靠体力与技能工作的传统。因此，从美国钢铁公司下岗的工人，不一定就能在小型钢铁厂找到饭碗。

当然，这只是一个极端的例子，但它至少指明了社会发展的大方向。

社会总是需要大批只能从事体力工作的劳动者。只要运用现有的知识对他们稍加培训，他们很快就能在传统行业释放出较高的生产力。社会甚至需要更多只能从事手工劳动的劳动者。但在未来的几十年中，社会最需要的是"技术人员"。

他们不仅需要精湛的技术，还需要更高的学历，最为重要的是，他们还要拥有学习和掌握其他专业知识的能力。今天的这些"技术人员"取代的不是过去的蓝领工人，基本上他们取代的是过去的技术工人。或者说，他们就是今天的技术工人，不仅掌握了精湛的技术，还拥有大量的规范性知识，接受过正规教育并具备继续学习的能力。

目前，学术界和决策层正在进行一场激烈的争论：对发达国家的制造业而言，是否只要把工业产品的技术、设计与营销等工作留在国内就足够了，或者是否还必须在国内进行生产？其实，这个问题是毫无意义的。原因在于，一个国家如果拥有技术、设计与营销这些知识，就一定能够进行制造。但是，如果这种制造是用传统方式，即通过役于机器的蓝领工人来完成，那么，这种制造就不会有任何竞争力。相比之下，有竞争力的制造业，大部分工作由知识工作者来完成，而机器是为之服务的。例如，在一家小型钢铁厂中，计算机控制台和计算机工作站可以为 97 名技术人员提供服务。

对于发展中国家而言，这就带来了很大的问题：它们再也不能期望像以前那样，仅仅通过对低收入群体进行培训就可以获得大量制造业的就业岗位。体力劳动者无论再怎么廉价，也无法与知识工作者竞争，无论后者的薪金有多高。但这也为一些发达国家带来了很大的问题，其中美国就是一个极好的例证。在美国，有为数众多的"少数裔"群体，他们受教育程度还处于"发展中"水平，远没有达到"发达"水平。英国的情况也差不多——英格兰北部

（传统的工人阶级的大本营）、苏格兰（尤其是克莱德河沿岸）和北爱尔兰同样面临工人阶级文化程度失衡的问题，他们的文化程度事实上仍停留在"发展中"水平，远没有达到"发达"水平。欧洲大陆的很多国家也是如此。尽管它们的教育已经相对普及，但其劳动力有日渐成为一项负债而不是一项资产的趋势，这种趋势恐怕会在相当长的转型期内导致严重的社会问题和政治冲突。

对于 20 世纪最为成功的组织——工会来说，如果以上趋势愈演愈烈，那么工会未来（角色、功能）何去何从，将是一个很伤感情的难题。

对于发达国家而言，保留并加强国内的制造业基础，确保其竞争力，当然值得优先考虑，但这同时意味着其必须接受这样一个事实：从事制造、搬运工作的体力劳动者，对国家来说，正在日益成为负债而不是资产。对任何工作来说，知识都已经成为最关键的资源。创造传统的制造业就业岗位，就像刚才提到的美国、英国以及欧洲的一些国家正在做的一样，充其量也不过是一种权宜之计罢了，事实上如果长期这么做还有可能使情况变得更糟。对于发达国家而言，唯一有可能取得成功的长久之计是产业升级，即将基于劳动力的制造业升级为基于知识的制造业。

没有资本家的资本主义

目前，发达国家的机构投资者，尤其是养老基金，所掌控的资金之多远远超过了以往的任何机构。养老基金在美国起步最早，发展最快？其最大规模的养老基金拥有 800 亿美元的资产；即便是一支小型的养老基金也可能有 10 亿美元的资产，可以用于经济投资。这些大大小小的基金汇合在一处，往往使昔日"大资本家"所掌控的资本相形见绌。在发达国家，别的暂且不论，光是人口年龄结构的变化（人口老龄化）就足以保证养老基金一定会变得越发重要。

这是一种史无前例的发展，而这种发展不过是从 20 世纪 50 年代才开始
的。[⊖]事实上，由于出现得晚，到现在还属于新生事物，养老基金在经营管
理和监督管制方面还有许多不尽如人意之处，亟须解决。

如何保护这一数目庞大的基金不被非法挪用是摆在我们面前的一个大问
题。在美国，就有一些措施用于保护私人企业的养老基金不被非法挪用。已
故的英国传媒大亨罗伯特·马克斯韦尔（Robert Maxwell）在 1990 年和 1991
年非法侵吞了旗下企业的养老基金，但如果在美国，他就不会那么容易得
手。但是，即便是在美国，养老基金的保护措施也不完善。美国所有的保护
措施都不能防止对养老基金最严重的危害：出于某种政治目的非法侵吞、挪
用公务员的养老基金。事实上，在美国的纽约市、费城、纽约州、加利福尼
亚州等地，都曾频繁出现公务员的养老基金被市政府、州政府非法挪用，用
于填补预算漏洞的丑闻。

还有来自特殊利益集团的危害，其严重性不亚于上述问题。工会就是一
个例子，它们往往利用手中的政治权力，以"出于社会建设的目的"（socially
constructive purposes）为借口，非法挪用养老基金，以便自己从中牟利。养
老基金是当今雇员的储蓄金，除了用于满足雇员退休后的财务需要外，一律
不得用于其他人或其他事。雇员退休后能够拿到养老金，能够用以维持生活
和个人的尊严，这才是养老基金最大的"社会目的"。

养老基金及其所有者

有效整合养老基金的真正所有者（当前的雇员和未来养老金的领取者）

⊖ 我在《看不见的革命》（*The Unseen Revolution*，1976 年）一书中对这种发现进行了系统的
分析。该书很快被事务出版社（Transaction Publishers）再版，并被易名为《养老金革命》
（*The Pension Fund Revolution*）。

与养老基金管理者之间的关系，至今对任何一个国家来说都是一种挑战，是一个棘手的难题。目前，对于这些所有者来说，他们和养老基金管理者之间唯一的关系就是这张"通往未来的支票"。事实上，对于发达国家许多 45 岁以上的人来说，放在养老基金账户中的资金是他们一生中最大的一笔财富。

19 世纪，百姓家庭最需要的金融产品是一份寿险——万一自己英年早逝，家人好歹还能得到一些保障。随着人口预期寿命比 19 世纪提高了一倍，与那时百姓的需求恰恰相反，现在的百姓需要的是提防自己活得太久所带来的威胁，以免在丧失工作能力后，老无所养。19 世纪的"人寿保险"实际上是一种"死亡保险"，而现在的养老基金是一种"老年保险"——这是一种至关重要的社会制度，百姓在退休之后相当长的时间内，能够老有所养，老有所依。

对行政和立法部门来说，加强对养老基金的监管，使其不被非法侵占与挪用，仍是今后的一项挑战。十有八九，只有发生重大丑闻后，我们才会对这些问题进行深入思考，采取应对措施。同样，将这些养老基金的真正所有者纳入基金的管理结构中，也需要经过长达数年的争论、试验，甚至还会不时爆出"丑闻"。

养老基金的正确管理以及与养老基金所有者的整合将是主要的公共问题，也的确应该是。但这些问题不是本书关注的焦点，养老基金这种资本的角色与功能才是本书的讨论重点，原因在于机构投资者，尤其是养老基金，正在快速成为发达国家资本的主要来源。在美国，到 1992 年年底，机构投资者已持有大型企业至少 50% 的股份，除此之外，它们还持有中型企业（小型企业就更别提了），无论是国有的还是私有的，将近 50% 的固定债务。此外，到 1992 年年底，排名前 100 名的大型养老基金的资产实际约占所有养老基金资产的 1/3。

　　如此高度集中的金融控制，在美国历史上还前所未有，若在以前，一定不会被允许这么做。

　　从历史的角度来看，美国一直是金融集中程度最低的国家。在德国，至少一个世纪以来，大型企业甚至中型企业 3/5 的投票权实际上被几家大银行所控制（直接控制，或通过它们手中所持有的企业股票）。在日本，围绕银行或贸易公司形成的商业集团（如三菱、三井、住友等），长久以来一直掌握着日本绝大多数大型企业的控股权。意大利的情况也差不多，它的金融集中度也相当高，极少数的私人企业集团与同样少数的国有金融财团（由政党实际控制或幕后操纵）通过既竞争又合作的关系，共同分享意大利的金融大权。

　　对于美国来说，现今资本集中在机构投资者手中的程度之高，是史无前例的，可是美国的这一发展模式极有可能成为世界的典范。日本和欧洲国家长久以来金融权力的集中方式，在养老基金闪亮登场之后将很难维系。况且，这些国家掌握金融大权的传统机构也根本没有能力去控制养老基金。毫无疑问，不同国家将以自己的方式构建自己的养老基金经济体系，这正如它们曾构建的出现于 19 世纪的最后几年的"金融资本主义"一样。但是，养老基金资本主义将成为发达国家所有权的普遍模式，别的暂且不论，光是发达国家人口老龄化这一事实，就足以导致它们不可避免地走向养老基金资本主义。

　　养老基金资本主义根本不同于以往任何一种形式的资本主义，也不同于任何一个社会主义者所想象出来的社会主义经济体系。

　　养老基金是一种很吊诡的存在。它们是"投资者"，控制了巨额的资本与投资，但是，无论是负责运营养老基金的管理者，还是这些基金的所有者，都不是"资本家"。养老基金资本主义是一种没有资本家的资本主义。

从法律上讲，养老基金是"所有者"，但也仅仅在法律上如此。首先，养老基金是"托管人"，养老基金真正的"所有者"，即退休之后前来领取养老金的人，才是最终的受益人。这些养老基金是由雇员自己来管理的，他们包括金融分析师、证券投资经理人、保险精算师等。这些专业人士的收入还算不错，但他们自己不大可能很有钱。实际上，美国最大的养老基金（联邦政府、州政府、市政府公务员的养老基金）由文职人员管理，他们拿的是文职人员的工资。

养老基金资本主义同样是一种没有"资本"的资本主义。养老基金，还有和它类似的共同基金，它们的资金实际上并不符合任何已知的"资本"的定义。这可不是什么语义学的问题，养老基金中的资金实际上是延期发放的工资，养老基金将它们积累起来用于向那些退休的人支付相当于退休前工资收入的钱。

蒲鲁东曾宣称"财产即盗窃"（property is theft）。很显然，养老基金的资本并不适用这种定义，因为在养老基金中，这些靠工资生活的劳动者仍然是这些资本的所有者。

在养老基金资本主义中，这些靠工资生活的劳动者通过缴纳自己工资延期领取的部分，来保障自己的就业。资本收益和资本利得的最终受益人仍是这些靠工资生活的劳动者。对于这一事实，我们还缺乏社会学、政治学或经济学的理论来加以解释。

公司治理

养老基金（及其他机构投资者），作为资本的主要提供者和大型企业的大股东出现，引发了一些问题，其中最重要的是养老基金在经济体系中所扮演的角色和具备的功能。养老基金的出现，使得大型企业中传统的管理模式和控制方式都显得落伍了。这就迫使我们不得不全面思考并重新界定"公司治理"的本质。

1993 年，美国出版了由阿道夫·A. 伯利（Adolph A.Berle）和葛迪纳·米恩斯（Gardner Means）合著的《现代公司与私有财产》（*The Modern Corporation and Private Property*）一书，这是 20 世纪美国最有影响力的著作之一。该书指出，大型企业的法定所有人——股东，既没有能力也不愿意去对企业行使管理权。企业由专业管理团队掌控，但它们并不拥有企业的股份。伯利与米恩斯在书中指出，为了给大型企业融资，除此之外，别无他法：大型企业需要的资金之大，远非一个人或一个集团以一己之力就可以提供的，它需要吸引大量的投资人对企业投资，这些投资人之中也没有任何一位的股权份额可以高到足以控制企业的地步，就更不用说插手企业内部的管理事宜了。伯利与米恩斯认为，"财产"已被转化为"投资"。他们继而问道，在这种情况下，管理应该对谁负责？为什么要负责？

对于这些难以回答的问题，20 年后，美国才发出了试图回答的声音。1950 年左右，对这些问题，尝试性的答案（1954 年，我在《管理的实践》一书中首次对这些答案进行了批评性的探讨）是：管理部门是不对任何团体或个人负责的"托管人"。鉴于当时的大型企业吸引了众多团体和个人的投资，企业由他们共同拥有，所以管理部门就是要扮演"各方利益最佳平衡者"的角色。这些共同拥有大型企业的利益方包括企业股东、雇员、供货商、企业所在社区，我们今天将他们称为"利益相关者"（stakeholders）。管理部门作为一个"仁慈的暴君"（benevolent despot）来履行使命。说它"仁慈"，是因为它要兼顾各方利益；说它是"暴君"，是因为只有它才能对企业进行独裁式的管理。在这种"仁慈的暴君"式管理下，没有人试图来界定"各方利益最佳平衡"是如何做到的或应该如何做到，更没有人会试图界定"托管关系"要如何履行，又要依据什么标准来衡量履行的好坏。更为糟糕的是，根本就没有任何人想要管理部门对某些人负责。相反，公司法定的权力机构——董事会，变得越来越无能，最终逐渐沦为公司高层管理者的"橡皮图章"（仅仅是走程序，而实际上不起任何作用的权力机构）。

无论是在一个企业，还是在一个国家，如果没有清清楚楚的责任——对某些人负责、对某种结果负责，那么它的管理就一定是平庸的、糟糕的，而且可能出现问题。在1950～1980年的30年中，美国的大型企业就发生过这样的事情。

企业的这种发展使20世纪七八十年代一系列狂热的金融操控事件成为可能。这些事件包括恶意并购、杠杆并购、收购、撤资等。同时，企业的贪婪使长达10年之久的"泡沫经济"成为可能（可以预见，在这一系列的金融丑闻事件爆发之后，这些泡沫终将破灭）。但是，之所以恶意并购、杠杆并购可能发生，是因为机构投资者已经控制了大型企业的过半控股权——正是机构投资者向掠夺者注资用以恶意并购。如果这些掠夺者用略高于股票市场行情的价格去收购养老基金所持有的股票的话，作为"托管人"，这些机构投资者在法律上有义务去支持他们。

这狂热的10年，为我们带来的是对大型企业的存在目的、存在原理以及管理功能的重新定义。现在，企业经营管理的目的是最大限度地为股东带来利润，而不是为利益相关者的利益带来最佳的平衡。这行不通！原因在于，这样一来就会造成企业的管理只注重短期利益，就会导致企业创造财富的能力受到重创（即便没有被完全摧毁），继而使企业走向衰退，而且是极为迅速的衰退。此外，企业的长期结果不能仅仅依靠短期结果的堆积来实现，而必须依靠平衡长、短期的需要和目标来实现。进一步来讲，如果企业的经营、管理仅为股东利益着想，就会疏远其员工，而他们正是现代企业所需要的积极进取、乐意奉献的知识工作者——一位工程师绝不会为一个企业投机者积极工作，使其致富。

20世纪30年代的"职业经理人"说得对，企业必须通过一种平衡的方式去经营管理，平衡长、短期结果以及企业利益相关者的权益。现在我们知道如何才能做到这一点，但40年前的人们不知道。事实上，我们知道应在哪些领域设立目标，并且把这些目标汇集在一个中心策略上。我们也知道如何整合企业成果与金融成果。我们还知道，在现代经济体系中，也就是一个不断变化和创新的经济体系中，根本就不存在"利润"这码事，我们拥有的只是成本：过去的成本（会计记录下来的成本）和（投资）不确定性未来的成本。企业过去运营所产生的利润，必须用作企业未来发展所需的成本（投资）。如果按照这样的标准来衡量，美国的大多数企业在过去的30年中并未实现收支平衡。

使管理负责

换句话说，现在我们已经知道管理应该负有什么样的责任，但它应该向谁负责呢？标准的答案一定是"所有者"，这就等于是向机构投资者负责，尤其是养老基金。

我们在前面已经提到，养老基金不可能成为企业的"所有者"，更不可能去参与企业管理。当然，养老基金也不能再把自己当作"投资者"。一般来说，投资者往往能够卖掉其持有的股份。但是，大型养老基金甚至中型养老基金持有的股份实在太多，以至于不能轻而易举地出售。如果实在想要出售，它们唯一的买家是其他的养老基金。换句话说，养老基金既不能管理一家企业，又不能从企业全身而退。因此，它们能做的就是务必确保企业有人管理。

因此，我们可以大胆预言（而且这种预言实现的可能性很大），在未来的20年中，我们一定能发展出我一向所说的"企业审计"制度。它将参照企业战略规划和具体目标，时时追踪企业的绩效与管理。经过几年时间，就能看出企业的运营情况。在建立企业审计制度及负责执行的机构方面，我们已经迈出了第一步。在所有发达国家中，注册会计师对企业的财务状况进行常规的检查与审计，这已成为惯例。这样的企业审计赋予了管理者履行职责的自主权。同时，它建立了绩效责任，敦促管理者务必承担，并将他们置于公开透明的绩效要求之下。此外，企业审计制度能使资本的"托管人"，也就是机构投资者，成为为企业直接负责的所有者。它们的责任就是看管好它们受托管理的企业资产，还要成为养老基金未来受益人（即企业法定拥有人）利益的保管员。当然，这些养老基金未来受益人的利益是长期利益，而不是短期利益；是依托经济增长取得的长期利益，而不是靠在股票市场低买高卖而取得的短期利益。

无论是在理论上还是在实践上，养老基金的角色与功能都完全不同于"资本主义社会"中的资本。将来，这种新型的资本，就功能来看，必将使知识在工作表现中发挥越来越重要的作用；就角色来看，必将逐渐扮演为负责执行的管理者服务的角色，而不是高高在上地对管理者指手画脚，扮演支配者的角色。

问题是，我们对这种全新的社会结构到底应该如何称呼呢？我曾在20世纪70年代中期对其进行了论述，称之为"养老基金社会主义"（pension fund socialism）。但是这么多年过去了，读者是否认为称之为"雇员资本主义"（employee capitalism）更好一些呢？

新型劳动力大军的生产力

知识社会面临的新挑战，就是知识工作者和服务工作者的生产力问题。事实上，要想提高知识工作者的生产力，就必须在知识社会的组织结构以及社会结构上做出较大的改变。

40 年前，从事知识劳动与服务劳动的人占总体劳动力人口的比例还不到 1/3。但是现在，在发达国家，这两类劳动者占总体劳动力人口的比例已经提高到 3/4～4/5，而且这一数字仍在提高。他们的生产力，而不是那些从事制造、搬运类工作的体力劳动者的生产力，才能代表发达经济体的生产力水平。但是，即便是知识工作者与服务工作者，其生产力仍是极低的。他们的生产力实际上是在下降，而不是上升。近 30 年来，发达国家 1/3 的资本投资于处理数据与信息的设备上，如计算机、传真机、电子邮件或闭路电视等。然而，从事文职工作的人数，也就是使用这些设备进行工作的劳动力人口，一直在持续增长，增长速度大大超过了总产值或 GNP 的增长速度。也就是说，这些从事文职工作的人的生产力一直在下降，而不是上升。同时，销售人员和技术人员的情况也是如此。我敢说，没有人会坚持认为 1990 年的教师比 1900 年或 1930 年的教师更具生产力。

各级政府的公务员的生产力是最低的。然而，无论是在哪个国家，政府都是服务工作者最大的雇主。以美国为例，全国总体劳动力人口的 1/5 为上至联邦下至地方的各级政府工作，主要是做日常的文职工作。在英国，为政府工作的人数占总体劳动力人口的比例高达 30%。在其他发达国家，这一比例也不相上下。

除非我们能够找到提高知识工作者与服务工作者生产力的办法，而且能够使其快速提高，否则发达国家就会面临经济停滞和严重的社会紧张局势。雇员工资的高低，完全取决于他们的生产力。这是因为，雇员的工资从他们的生产力所创造的财富中支取。如果生产力上不去，那么他们的实际收入水平也上不去，就更别提生产力下降时的情况了。

与其他雇员不同，知识工作者总是要求更高的收入，而全然不顾他们自己和整体经济的生产力如何。他们是社会少数特权阶层，拥有知识这一特权，他们可以频繁跳槽以便追逐更高的收入。但是，即便如此，从长远来看，除非他们能提高自己的生产力，否则也会遭遇实际收入下降的窘境。大量的服务工作者所从事的工作，对技术和教育的要求相对来说都不高。假如他们的生产力水平低，而经济体系又打算支付给他们远远超过其生产力所创造的价值的工资，那么通货膨胀将不能避免，从而导致所有人的实际收入受到侵蚀。用不了多长时间，通货膨胀还会造成严重的社会紧张局面。然而，如果服务工作者的工资完全取决于其生产力水平，那么他们与知识工作者（特权阶级）的收入差距必然日益拉大，到那时，也会造成严重的社会紧张局面。

很多服务性质的工作与那些制造、搬运类的体力劳动没有多大差别。这些服务性质的工作包括数据处理、计费、客服、保险理赔、发放驾照等。实际上，这类工作中约有 2/3 分布在政府机构，另外 1/3 或更多分布在企业、高校、医院等部门。从本质上讲，这些工作也是一种"生产性工作"，只不过是在办公室中生产，而不在工厂中生产罢了。但即便是这类工作，人员上岗前也需"重新培训"，以提高生产力。除此之外，必须对此类工作进行研究和结构调整，以使其能够为社会做出最大的贡献和成就。其他新型工作者（无论是知识工作者还是服务工作者）所从事的工作，都必须有新的理念与方法，才能提高生产力。

在致力于提高制造、搬运类工作的生产力时，任务是既定的、决定好的。当弗雷德里克·泰勒开始其著名的"铁锹试验"时，他就假定铲铁砂的工作是必须由工人来完成的。许多制造、搬运类工作，其工作任务其实是由"机器（工具）确定工作进度的"（machine-paced），工人能做的只是为机器服务。

在知识工作与几乎所有服务工作中，与上述的体力工作不同，机器是为工作者服务的。知识工作者与服务工作者要做的工作，其任务不是既定的、有人已经为他们制定好的，而是需要他们自己决定的。在传统工作的工作研究和科学管理中，都不曾有人提出这个问题：这项工作的预期效果是什么？但对知识工作者与服务工作者来说，这是一个核心问题，可以使他们提高生产力。这个问题需要他们做出风险决策。同时，这个问题通常没有唯一正确的答案，有的只是几种选择，而每种选择都隐藏着风险。因此，必须明确工作的预期效果，只有这样，才有可能释放生产力。

需要什么样的团队

制造、搬运类工作与知识、服务性工作的生产力之间，还有一个重大区别。在知识与服务性工作当中，我们必须决定工作的组织类型。那么我们要问，一个什么样的团队才能适合这种工作，才能使之顺利运行？

　　人类大部分的工作是靠团队的力量完成的，离群索居的隐士极为罕见。即便是最喜欢月下独酌、享受世外桃源般宁静的艺术家、作家、画家也需要他人的参与才能使其作品问世，达到其预期的工作效果。作家需要编辑、印刷商、书店的合作，画家需要画廊出售自己的作品。其实，我们大多数人都是在一个团队中，彼此密切合作，进而完成工作。

　　今天，我们有很多人大谈特谈"创建团队"（creating teamwork），其实这是一个很大的误解。原因在于，它假定了社会现有的组织不是以团队形式来工作的组织，这种假定显然是错误的。除此之外，它又假定了工作团队的类型只有一个。事实上，我们的工作团队至少有三种主要类型。要想工作有生产力，就必须选择适合其特点与运行模式的团队类型⊖。

　　第一种工作团队类型可以举棒球队、板球队的例子来说明，这种类型也与医院中为患者做手术的团队类似。在这种团队中，所有成员分工明确，在团队中各司其职，共同为团队的目标发挥各自的作用，而不是根据其他成员的情况，决定自己应该怎么做，然后相互配合、相互协作，把团队的任务完成。

　　在棒球队或板球队中，每位队员都有固定位置，在比赛中绝不能离开。在棒球比赛中，防守球队的左、中、右三名外场手绝不会离开自己的防守区域去帮助另外两名外场手接球，他们必须留在自己的防守区域内。有句关于棒球的老话："当你持棒进入击球位置时，就完全是一个人在战斗！"同样，在医院为患者手术时，麻醉师绝不会插手外科医生与手术室护士的工作。

　　这种类型的团队在今天可没有什么好名声。事实上，人们只要谈到"创建团队"，一般都包含与这种成员责任"井水不犯河水"的团队划清界限的潜台词。然而，棒球队或板球队的这种团队类型也有长处，不应被过分贬

⊖　关于团队类型，尤其是企业团队与体育团队的类比，请参见罗伯特·W. 凯德尔（Robert W. Keidel）所著的《比赛计划》（*Game Plans*，1985 年）一书。

低。因为所有队员都有固定位置，分工明确，比赛中他们在各自位置上的表现就可以被量化评估，训练也可以按照各自位置分别进行。在这两项运动的比赛中，每名队员都有过去十年甚至几十年的赛场统计数据可循，这种现象绝非偶然。医院的手术团队也是相同的运作模式。

对于重复性的任务，或大家都很熟悉其规则的工作来说，棒球队的团队类型是相当理想的，它适合运用大规模生产的现代组织，制造业和运输业就是如此，这两个行业所表现出来的优秀的运营能力就归功于这种类型的团队运作。

第二种工作团队类型和足球队相似。交响乐团、医院里（凌晨两点对心搏骤停的患者进行紧急抢救）的急救小组的团队组建都是这种模式。

在足球队中，所有队员都有固定位置。在交响乐团中，大号的演奏者肯定不会突发奇想，客串一下低音提琴手，他必须坚守自己的位置。在医院的急救小组中，负责患者呼吸的大夫肯定不会放弃胸外按压，而在患者胸腔开口插管。在这种团队中，每名成员都是根据其他成员的情况来调整自己的工作的，他们相互配合、相互协作，把团队的任务完成。

这种类型的团队需要一个总指挥或总教练，他的话就是命令，必须得到严格执行。而且，也需要一份"总谱"，只有按照它反复排练，才能演奏出美妙的交响乐。但是，与棒球队类型不同的是，即使总谱写得清清楚楚，教练的战术安排得明明白白，团队成员仍有一些弹性空间，可根据实际情况迅速进行调整。

最后一种工作团队类型类似于网球比赛的双打组合，也类似于小型爵士乐队，以及美国大型企业中由四五名高管所组成的"总裁办公室"或者德国企业的"管理委员会"。⊖

这类团队的规模不大，7～9 人的成员人数可能就是上限了。在此类型的

⊖ 关于这一点，请参阅我在《管理：使命、责任、实践》（*Management: Tasks, Responsibilities, Practices*，1973 年）一书中对高管工作的论述。

团队中，成员没有固定位置，可以根据实际情况占据有利位置，相互掩护，相互支持，软硬兼施，长短互补。在网球双打比赛中，后场队员可根据网前队员的技术强弱做出迅速调整。而且，这种调整必须成为条件反射，也就是说，在球离开对方球拍的瞬间，本方后场队员就要条件反射般地跑去掩护网前队员反手位置（弱项），只有这样，团队才能发挥整体优势。

这种根据情况可做出迅速调整的团队类型，是所有类型中最强大的。其团队的整体表现强于成员个人表现之和（1+1>2），原因在于它不但发挥了每名成员的长处，还将每名成员的弱点降至最低。但是，这种团队要求成员高度自律、长期磨合，只有这样，团队才能发挥整体优势。

这三种团队类型不能混合使用。一支球队不可能在同一时间、同一场地与同一球队既打棒球又踢足球。同样，一支交响乐团也不可能用小型爵士乐队的方式演奏。因此，这三种团队类型的形态必须是"纯粹"的，不能混搭，否则就成了四不像。对于一个组织而言，转变团队类型是极其困难和痛苦的，原因在于这种转变会割裂组织内早已长期存在的和谐的人际关系。然而，一旦工作的性质、所使用的工具、工作流程以及终端产品发生重大变化，组织就必须改变其团队类型。

信息流动方面的改变，尤为如此。

在棒球队中，队员从赛场内获取信息，每名球员根据自己的任务各自获取对自己有用的信息，队员之间获取的信息相互独立。在交响乐团或足球队中，信息大多来自总指挥或教练，是他们控制乐队"总谱"或排兵布阵。在网球比赛的双打组合中，球员获取的信息大多来自搭档。这就解释了一旦信息技术发生了变化，之前我所称的"基于信息的组织"类型就有必要做出"重新设计"。⊖

⊖ 关于这一点的论述，请参阅我的《管理新现实》(*The New Realities*)一书第 14 章。

信息技术的发展，是过去 10 年来美国企业下大力气对自身"重新设计"的主要原因。传统上，美国大型企业大多采取棒球队的团队类型组织工作。企业的最高管理者是首席执行官，负责企业生产、销售、财务的部门高管向其"汇报工作"。总裁办公室的成立，是一种尝试，是要将企业的最高管理模式转变为网球比赛的双打组合模式。这种转变在信息时代来临时是必然的，至少是有可能的。

传统上，新产品研发部门的组织形式采用的是棒球队的团队类型，设计、工程、制造、营销等职能部门各自完成自己的工作，再把它移交给下一个部门。在美国的一些主要行业中，例如制药和化工行业，新产品研发部门的组织形式，早已转变为足球队或交响乐团的类型了，只有美国汽车行业的研发部门仍然死守着棒球队组织类型不放。直到 1970 年左右，日本汽车行业率先使用信息技术，将其研发部门的工作成功转变为足球队类型。这导致底特律（美国汽车业的中心）在新车上市速度及生产灵活性方面远远落后于日本。直到 1980 年，底特律才奋起直追，将其研发部门的工作转变为足球队类型。在生产方面，由于利用信息技术成为可能（这才使向"全面质量管理"的转变成为可能，实际上，这种转变也是强制性的），底特律被迫将其传统的装配线的组织形态由棒球队类型转变为网球双打类型，这成为"灵活性生产"的基础。

因此，只有选择和确立合适的团队类型，才有可能提高知识工作者与服务工作者的生产力。正确的团队类型本身并不一定就能保证生产力的提高，但是，错误的团队类型必然导致生产力的破坏。

需要专注于本职工作

在知识与服务工作中，劳动者专注于本职工作及其任务，是生产力提高的最后一个先决条件。在制造、搬运类的工作中，劳动者的任务极其明确。一个世纪前，泰勒曾研究过工人铲铁砂的工作，他们的工作任务就是铲铁砂，非常明确。没有人期望他们把铁砂运送到他们开始工作的地方，那是别人的工作。农民的本职工作就是开着拖拉机犁地，他们不会从拖拉机上下来去参加会议。在机器设定进程的工作中，工人专注于机器，是机器的仆人。但在知识性工作与大多服务性工作中，工人变成了机器（如果有的话）的主人，不必像以前那样处处被机器奴役。因此，要想提高工人的生产力，就必须让他们专注于本职，不去做那些对生产任务没有贡献的活动。这些活动可能使工人走神，进而导致其工作"跑偏"。因此，排除与本职工作无关的活动，对知识工作者与服务工作者来说，可能是提高生产力最重要的一步。

医院护士的任务是照顾患者，但几乎所有的研究都显示，她们将工作时间的 3/4 都花在了别处，均与照顾患者这一本职工作无关。确切地说，护士 2/3～3/4 的工作时间都用于填写各类工作记录。如果分析百货公司销售人员的工作情况，就会发现他们的多半工作时间在做与本职工作（使顾客满意）无关的事。他们将多半工作时间用于填写各种销售记录，以便录入计算机保存，而不是为顾客服务。如果分析工程师的工作时间安排，也会发现他们将一半的工作时间花在了开会和润色报告上，均与本职无关。以上这些事实不仅摧毁了他们的生产力，而且摧毁了他们的进取心和自豪感。

只要医院将护士的这些记录工作集中起来，交给同一楼层专门负责记录的职员去做，那么护士的生产力就可以提高一倍，她们的职业满足感也是如此。她们忽然有了时间去照顾患者，这才是她们的本职工作，这才是她们经过长时间培训得以受雇于这家医院的原因。同样，只要百货公司将销售人员的记录工作交给一个职员集中处理，销售人员的生产力和职业满足感也会迅速提高。如果工程师能从"日常杂务"（起草或修改报告与备忘录、出席会议等）中解放出来，同样会有类似的好情况发生。

知识工作者与服务工作者应该经常被这样询问：这项工作对于你的本职工作而言是否必要？它是否有助于工作业绩的改善？是否有助于你的本职工作？如果这些问题的答案是否定的，那么它就一定属于"日常杂务"而不是"本职工作"——它要么被取消，要么被设计成为一种本职工作。

界定工作业绩、决定合适的工作流程、确定正确的团队类型、专注本职工作及其成就都是提高知识工作与服务工作生产力的先决条件。只有做到了这些，我们才能开始提高各项工作与任务的生产力。

弗雷德里克·泰勒经常受到批评，是因为他还没有先请教工人如何做工作，就告诉他们应该怎么做。可是，20 世纪二三十年代提出"人际关系"学说、试图取代泰勒的"科学管理"理论的哈佛大学心理学家、原籍澳大利亚的美国人乔治·埃尔顿·梅奥（George Elton Mayo, 1880—1949）也是如此。弗洛伊德也从来没有询问过病人他们认为自己的问题出在哪里。这种情况直到第二次世界大战接近尾声时才有所改变。当时的作战最高指挥官在采用新式武器之前，都会咨询使用者即战场上士兵的意见。在 19 世纪人们一般相信专家，认为只有他们才知道每件事情的答案。

到了现在，我们已经认识到，只有亲自干某项工作的人才会比其他人更了解这项工作。他们也许讲不出这项工作的大道理，但知道怎么干才行，怎么干不行。因此，直到近 40 年，我们才明白，要想提高某项工作的生产力，就必须向一线的工人请教：我们能从你那里学到什么？关于这项工作本身和怎么完成这项工作，你能告诉我们什么？你需要什么样的工具，什么样的信息？工人必须对自己的生产力负责，学会对生产力进行控制。

　　第二次世界大战期间美国的战时生产最早给我们上了这一课。[⊖]但是，众所周知，最早将这一理念运用于生产的还是日本人（这还是受到几个美国人的启发，尤其是 W. 爱德华·戴明（W. Edwards Deming）和约瑟夫·朱兰（Joseph Juran））。

　　第二次世界大战后，美国、英国和欧洲大陆国家却全都退回到了"靠行政命令提高生产力"的传统生产方式。这主要是因为强大的工会反对赋予工人"管理意识"甚至"管理责任"。但在最近 10 年，美国企业的管理层"重新发现"了第二次世界大战时期战时生产的经验。

　　在制造、搬运类的工作中，能找到负责任的工人，当然是最好的。即便找不到，就按泰勒的方法去做，也就是告诉他们工作该如何完成，这些工人也能完成工作，而且完成得还算不错。但在知识工作和服务工作中，必须找到负责任的员工，这是提高生产力的唯一途径，别无他法。

　　要想提高知识工作和服务工作的生产力，就要把不断学习纳入工作和组织结构中。知识之所以要求不断学习，是因为知识本身也处于不断变化之中。而服务性工作，即便是最纯粹的文员工作，也需要工作者不断地自我提升和不断学习。学习如何提高生产力，最好的办法就是去教授如何提高。因此，为了实现知识社会所要求的生产力的提高，组织就必须成为一个既能学又能教的组织。

　　⊖　我的两部作品，《工业人的未来》(*The Future of Industrial Man*，1942 年) 和《新社会》(*The New Society*，1949 年)，首次从第二次世界大战的经验中得出了这个结论。在这两本书中，我曾主张应由"负责任的工人"承担"管理责任"。根据战时经验，W. 爱德华·戴明和约瑟夫·朱兰分别发展了我们现在所说的"品管圈"(quality control circles) 和"全面质量管理"(total quality management) 理论。最终，道格拉斯·麦格雷戈 (Douglas McGregor) 在其 1960 年出版的《企业的人性面》(*The Human Side of Enterprise*) 一书中提出其著名的"X-Y 理论"，从而有力地表达了这一思想。

组织重组

要想提高知识工作者与服务工作者的生产力，就必须对组织结构进行大幅调整，甚至可能需要将其改变成一个全新的组织。

为了使工作运行得更为流畅，就需要对组织团队进行结构重组，这会导致"管理层"中多半职位的消失。在交响乐团中，数百名技艺精湛的音乐家在一起合奏，但只有一名"管理者"，就是总指挥。在这样的组织中，除了总指挥之外，从上至下再无其他中层的"管理者"。这种类型的组织结构，将成为所有（新型的）基于信息的组织的典范。这样一来，我们将看到彻底的改变：组织不再像过去一样只根据职位的高低来奖赏其成员。未来组织中的管理岗位只会少之又少。我们还会看到越来越多的类似于小型爵士乐队运作形式的组织，在这种组织中，乐队的领导权随成员的具体任务而变，与成员的"级别"无关，或者说独立于乐队成员的"级别"之外。事实上，"级别"（rank）这个词，应该从知识工作与知识工作者的词汇库中完全消失，由"职务"（assignment）一词来取代。

组织结构的这种转变势必会带来工作动机、奖惩制度、工作认同等方面的重大问题。

服务外包

为了从服务工作者身上获取更高的生产力，就需要对组织进行更为激烈的变革，这种变革实际上是革命性的。在大多数情况下，未来组织的一些服务性工作将外包给其他组织去做。这些适合外包的工作，一般都是组织的辅助性工作，例如办公设备的维护保养以及许多日常性的杂务等。此外，建筑师的绘图工作以及组织所需的技术性和专业性的资源数据库的定制工作也可以外包出去。事实上，美国很多律师事务所已经将其法律资源库的搜集、整理工作外包给了专业数据库供应商。

推动企业外包服务的是对提高服务工作者生产力水平的需要。组织中最需要提高生产力的工作，恰恰是无法靠它晋升到高管职位的工作。可能高管中不会有人对这类工作感兴趣，对它也不了解、不关心，甚至觉得这类工作无足轻重（这类工作的外包费用对他们来说也是次要的）。这类工作对高管来说，根本就不符合组织的价值体系。

比如说，医院价值体系的核心是医生与护士，他们共同关心患者的健康。医院的其他工作（例如医疗设备的保养维护、医院的辅助性工作、日常杂务性工作等），即使有可能占医院运营成本的一半，也不可能得到足够的重视。在医院从事这类辅助性工作的人，即使做得再好，也无望进入医院的高层管理岗位。

一进医院就从事清洁或整理病床工作的女职员，15年后大多还在原有岗位原地踏步。但如果她一开始就在负责清洁保养的公司干，情况就大为不同了。就拿美国最大一家清洁保养公司负责医院业务的副总来说吧，14年前起家时她还是一个手拿水桶和扫把，大字不识一个的墨西哥移民。后来，她来到这家清洁保养公司，专门负责医院的清洁保养工作。结果，她有了升迁的机会。医院外包给清洁保养公司的工作，在15年中，生产力几乎提高了2倍。比如说，整理一张病床所用的时间比原来减少了2/3。

这家公司提高了清洁保养这种"卑微工作"的生产力，并收获了可观的利润。它们有从这种工作直接干起的高管，因而懂得医院最需要什么样的服务。因此，这家公司愿意花上几年时间对所需工具进行重新设计，甚至包括对病床床单的设计。它还愿意投入大量的资金去研究工作的新方法，而这些都是医院自己不愿意做的。因此，要想提高医院清洁保养工作的生产力，就需要将这种服务外包出去。

　　无论是体力工作（例如清洁保养），还是日常杂务（例如收费开票），最需要服务外包的是政府部门（详见第 8 章）。它们的生产力水平最低，也因此在辅助性工作方面雇用了大批员工。

　　美国的大型企业跟政府部门没多少区别，它们同样需要将一些服务性工作系统化地外包给从事这类服务的企业（组织）。这些外包企业也因此能够为工作人员提供升迁的机会。它们的高管会认真地对待这种工作，也愿意投入时间与资金对工作流程和工具进行重新设计。它们愿意甚至渴望做这些艰苦的工作，从而提高生产力。更为重要的是，它们认真地对待从事这种工作的员工，激励他们提高工作效率，以便保持自身的行业领先地位，从而提高生产力。

　　外包服务之所以必要，不仅仅是出于经济的考虑，更为重要的是，它为从事这种工作的服务工作者提供了（升迁）机会、收入与尊严。

　　因此，我们期望在短短的几年中，有更多的工作外包给那些独立的组织，它们之间相互竞争，不断提高生产力，从而获得更为可观的利润。

　　这就意味着未来的组织结构会有深刻的变化——大型企业、政府机构、大医院和大规模的高校不再需要雇用大量的员工。这些组织所创造的可观收益及成果，直接来自围绕其使命进行的工作、与成果直接相关的工作，以及它们认可、重视并会适当奖励的工作，而其他的工作都会外包出去。

避免新的阶级冲突

　　制造、搬运类劳动者生产力的提高，打破了 19 世纪出现的"阶级冲突"的梦魇。现在，要想避免新的阶级冲突，也就是知识社会两大新兴阶级（知识工作者与服务工作者）的冲突，就必须迅速提高服务工作者的生产力。提高服务工作的生产力，也因此成为知识社会所面临的首要社会问题与经济问题。

　　从传统意义来讲，知识工作者与服务工作者都不属于"阶级"的范畴，它们之间的界限并不明显。在同一家庭成员中，可能出现这样的情况：大家都受过高等教育，但有的从事知识性工作，有的从事服务性工作。然而，知识社会依然存在着成为阶级社会的危险，除非服务工作者能获得足够的收入与尊严。这就要求他们能够提高自身的生产力，也要求他们能够获得升迁的机会及社会的认可。

　　因此，从社会结构来讲，知识社会的组织总是专注于自己的核心工作。至于其他非核心的工作，它们会以不同的方式与其他组织进行合作。打一个科学的比方：之前资本主义社会的结构就像"冰晶"（crystalline），而知识社会的结构则犹如"流水"（liquid）。

以责任为基础的组织

柏拉图与亚里士多德以来的政治与社会理论，始终是围绕着权力来进行探讨的。但是，在知识社会，组织的构建原则一定是责任。这种组织社会，或者说知识社会要求组织必须以责任为基础。

各类组织都必须对其权力负责，不应超出其履行职责的界限，一旦超出了界限，就是不正当的权力。

组织还必须肩负"社会责任"。因为在一个由组织构成的社会中，如果连组织都不能对社会尽义务，那么就没有谁能完成这个使命了。然而，组织对社会所尽的责任，必须在其能力范围之内，同时不能妨碍其履行自身职责。

为了履行自身职责，组织必须拥有相当大的权力，但问题是，组织的正当权力是什么？正当权力与不正当权力的界限是什么？或者这些界限应当是什么？

最后应该注意的是，组织必须构建于自身责任之上，而不是构建于权力、命令与控制之上。

对与错

20 世纪 30 年代，约翰·L. 刘易斯（John L. Lewis，1880—1969）在权力上被视为美国的第二号人物，仅次于富兰克林·罗斯福总统。事实上，罗斯福把自己的当选在很大程度上归功于刘易斯。刘易斯之前一直是共和党人，但是在 1932 年的民主党全国代表大会上，作为工会主席，他携联合煤矿工人工会（UMW）以及在全国展开的工会运动，加入了民主党阵营。随后，在罗斯福新政时期，他领导了全国如火如荼的工会组织化运动，成立了产业工会联合会（Congress of Industrial Organizations），并成为这个颇具影响力的新兴劳工团体组织的会长。

就在 1943 年，刘易斯为了抵制工资冻结的战时管制措施，全然不顾"战时不罢工"的承诺，率领 50 万煤矿工人发动了大罢工。随后，罗斯福总统恳请他为了国家的利益取消罢工，但遭到了拒绝。刘易斯说："总统的职责是照顾国家利益，而我的职责是照顾矿工利益。"

刘易斯说这番话的时候，美国的战时生产刚刚开始。此时，美军已在欧洲和太平洋战场作战。可悲的是，美军严重缺乏武器装备和弹药，因而造成官兵伤亡惨重。当时，战争的动力完全依靠煤炭来支撑，对国家而言，损失了哪怕一天的煤炭产量，也是承受不起的。更为糟糕的是，当时煤矿工人拿的是美国最高的工资，跟军人的工资相比，他们简直就是"富豪"。

即便是如此情形，刘易斯还是赢得了罢工的胜利。

但是，他很快就失去了所有的权力、影响力以及尊重，甚至在全国各地的劳工运动以及他自己领导的工会中也不例外。联合煤矿工人工会因此很快没落，权力及影响力大不如前，成员也大量流失。10 年后，煤矿工人的罢工在国家中很难算得上是什么大事儿了。事实上，刘易斯 1943 年所取得的"比鲁斯之捷"（Pyrrhic victory）——煤矿工人大罢工的胜利，恰恰是美国工会主义没落的开始。

刘易斯长寿，活了 89 岁，也因此得以在有生之年目睹其胜利带来的后果。可是，他至死还坚持认为，发动那场罢工没有错，因为那是他的责任。他反复说道："对劳工有好处的事，最终都会对国家有好处。唯有在战时，劳工才会被重视，才会有一点实权，才能正当地争取到应得的报酬！"据报道，他终其一生都没有理解为何美国公众始终都不赞同他的观点。

当然，这只是一个比较极端的例子，但从中我们也可以看出一些问题。刘易斯始终认为他是对的，但问题是，在什么样的节点上，组织认为是对的事情却转变为社会认为是错的事情呢？还有，在什么样的节点上，组织做的事就不再是正当的呢？

近来，"商业伦理"（business ethics）这一话题在美国受到高度关注，甚至许多高校的商学院还开设了这门课程。但是，它所探讨的大多数内容均与不道德的行为甚至与违法犯罪有关，例如行贿受贿或者有意隐瞒有瑕疵的产品或有害的产品等。那些高高在上的人，常常找借口称他们所做的坏事都是为了达到更高的"善"。这种论调在今天根本就不算是什么新鲜事儿。它要讲的道理，大约 3 个世纪以前，17 世纪伟大的法国数学家兼哲学家布莱士·帕斯卡（Blaise Pascal）在他的《致外省人书》（*Letters to a Provincial*，1656—1657 年）中就已经讲过了。他在书中逐一驳斥了耶稣会对道德观的诡辩，彻底地粉碎了它们专为有权者辩护的道德观。

刚才所讲的刘易斯的例子并不是"错与错"的冲突，而是"对与对"的冲突。也就是说，罗斯福与刘易斯各自站在自己组织的立场上，他们做的都没错，都是对的！尽管还不能说是史无前例，但这的确是一个新问题。在组织社会中，责任问题可能被认为是社会的中心问题。

　　为了能够履行职责，所有组织及其成员都必须相信，自己要完成的特殊任务是社会最重要的任务，刘易斯就是这样认为的。之前我们曾提到，医院必须相信没有任何事情比救死扶伤更重要；企业必须相信没有任何事情比满足社区的物质需求更重要，或者说，没有任何的产品和服务比"我们企业"所提供的产品和服务对社会经济与服务社区更重要；工会必须相信没有任何事情比争取劳工权益更重要；教会必须相信没有任何事情比信仰更重要；学校必须相信只有教育才是绝对唯一的"善"。

　　这些组织必须以自我为中心。就整体而言，它们将共同完成社会的各种任务。但就自身而言，它们将各自完成一种任务，并视之为它们的唯一任务。

　　事实上，我们期望这些组织的领导者像刘易斯一样，都相信自己的组织是对社会最重要的组织，甚至可以代表整个社会。

　　查尔斯·E. 威尔逊（Charles E. Wilson，1890—1961）一生都是美国企业界耀眼的明星。他最早是在通用汽车这家当时世界规模最大、运营最为成功的汽车制造企业担任主席兼CEO。之后，1953~1957年，他担任艾森豪威尔政府的国防部长。如果今天还有人记得他的话，那一定是因为他说过的这句话（事实上是误传）："对通用汽车有好处的事，对美国也有好处。"实际上，他在1953年批准其担任国防部长的听证会上所说的是："对美国有好处的事，对通用汽车也有好处。"威尔逊在他的有生之年一直想澄清此事，但没有人听得进去。大家都认为："即使他真的没说过这句话，那他也是这么想的，实际上，他确实应该这么想。"

　　那么，组织权力的界限在哪里？如果遇到战争或大的自然灾害等突发事件，这个问题的答案就再简单不过了。在这个时候，社会的生存优先于社会内部任何机构的生存。但是，如果没有出现这些突发的危机，这个问题的答案就不大好说了。解决这一问题的唯一途径是，所有组织的领导者群策群力，共同肩负组织应尽的责任。

到目前为止，对这一问题处理最为妥当的可能就是第二次世界大战后的日本大型企业了。在那段时间，日本企业的领导者在规划企业发展方向时总是首先提出这个问题："什么对日本、日本社会、日本经济最有益？"接着，他们问："我们如何才能把它转化为我们行业的商机，尤其是我们企业的商机？"他们的做法既不是完全"利他"的，也不是完全"利己"的，相反，他们都有很强的逐利意识。他们没有各自为政，而是为了国家的利益共同承担了责任。但是，即便日本在战后做得很好，随着国家战后重建进而一跃成为世界经济大国之后，日本的企业及其领导者又回到"以自我为中心"的老路上来了。

什么是社会责任

组织社会中的组织是有明确目标的机构，它们各自只擅长一种任务——正是由于专业化程度极高，它们才得以在社会中拥有充分的表现能力。

组织如果越界，非要着手处理超出其能力、价值以及职责的"分外之事"，那么就可能造成对自身以及对社会的危害。如果医院想在市中心开设诊所，用于"医治社会弊病"，它就背离了自己的本职工作（救死扶伤），因此就会对自身造成极大的损害，而这对社区也没有什么好处。另外，美国学校在废除教育中的种族隔离，推进种族融合方面的努力也失败了。在以上两个案例中，毫无疑问，医院与学校的出发点都是好的，它们也通过自身的行动呼唤整个社会的参与。但是，"医治社会弊病"与"推进种族融合"所需的行动，哪怕只是配合性的行动，也不是这些医院、学校的任务与职责，而且完全超出了它们的能力范围。

社会是由各种组织共同构建而成的。如果组织都不去关心社会、关心社会问题、关心社会弊病，那还会有谁去关心呢？美国经济学家、诺贝尔经济学奖得主米尔顿·弗里德曼（Milton Friedman，1912—2006）就认为，企业唯一的社会责任就是盈利（利润最大化），这是毋庸置疑的。对企业而言，盈利的确是首要的责任。如果一个企业不能盈利，反而白白消耗了社会资源，就是没有承担社会责任。盈利是对企业最基本的要求，如果不盈利，企业就无法尽到更多的社会义务，比如增加就业、为国家纳税、造福社区等。

然而，盈利并不是企业唯一的责任，同样，教书育人不是学校唯一的责任，救死扶伤也不是医院唯一的责任。对社会的组织来说，没有责任的权力往往会造成权力滥用，没有权力的责任同样会无所作为，因此，责任与权力必须在相互制约、相辅相成中找到平衡点。组织的确需要权力，但仅限于承担社会责任。

我们对组织的社会责任的要求永远不会停止。到目前为止，我们所探讨的社会责任还仅局限于企业，原因很简单，因为企业是第一个出现的新型组织。今后，我们会更加关注其他组织的社会责任，大学就是首先要关注的，因为它享有了社会的某种垄断权，而这种权力是其他机构在过去从未享有过的。

我们的确了解（尽管只是大致了解）社会责任问题的答案应该是什么。组织对社区、社会造成的影响，如排放废水到当地河流、员工上下班造成城市交通拥堵等，必须负完全责任。但是，组织不应该接受那些严重阻碍其履行职责与行使使命的责任。如果这些"责任"超出了能力范围，就不是它应该承担的责任。

这里有一个非常重要的"但是"，即组织是社会中的组织，在其能力范围内，的确有责任去寻找基本社会问题的解决之道，并把这些社会问题转化为自身发展的一种机遇。

权力与组织

在组织社会中，组织的社会行动还有一项限制：它们是社会性的机构，既没有正当的理由，又没有足够的能力在政治舞台上扮演一定的角色。

知识社会的组织都想从政治权力，也就是政府手中的政治权力中获得一些好处。这些好处要么能使自己的工作进行得更为顺利，要么能够融入自己的价值体系，要么能让自己赚得盆满钵满。但是，它们关注的不是也不应该是政治权力，而应该是自己的职责。

这与以前所有的多元社会形成了鲜明的对比。在过去的多元社会中，组织为了进入权力中心而相互竞争。而在组织社会中，不同的组织分工明确，相互合作，互不竞争。企业不会与医院竞争，去抢夺其患者和医生；医院也不会跟 IBM 竞争，去销售计算机。组织之间分工明确，各司其职，互相提供产品与服务。一旦发生纷争，中世纪欧洲的男爵、伯爵、公爵、主教以及中世纪日本的大名往往会发动战争，用武力解决，而现代组织会采取游说的方式解决。

事实上，对组织来说，对自身伤害最大的莫过于觊觎政治权力，这往往会以失败告终。在阿根廷、巴西和秘鲁，军队一直是备受民众尊重的机构，然而，随着 20 世纪六七十年代它们相继发动军事政变掌握国家大权，这一情况发生了改变。每每军方发动政变夺权之日，都是国家接近崩溃、生死存亡之时，军方也因此获得了民众大力的支持。然而，随着国内局势的稳定，军方被迫交还权力的时候，它们却变得贪污腐败、名声扫地、道德败坏，它们在政变夺权前拥有的在民众心中的名望与声誉已荡然无存。

在 20 世纪的鬼神学（demonology）名单中，最受读者欢迎的人物恐怕要数密谋夺取政治权力的企业家了。但是，在现实中，没有一个成功的企业家对政治权力感兴趣，他们感兴趣的是产品、市场以及收入。

在叱咤商海多年、赚得盆满钵满之后想要从政的企业家并不少见，只是他们中成功的案例没有几个。据我所知，有两位德国的企业家在20世纪20年代先后这样做过，他们分别是胡戈·斯廷内斯（Hugo Stinnes，1870—1924）和阿尔弗雷德·胡根贝格（Alfred Hugenberg，1865—1951）。这两位都曾企图利用自己在商界的地位左右政治，结果给魏玛共和国带来了难以估量的伤害。希特勒最终登上总理的宝座，他们二人"功不可没"。在政治上，他们都失败了，他们对政治权力的企图最终不仅毁掉了企业，也毁掉了自己。

工会领袖在追求政治权力的同时，毁掉了自己和自己所领导的工会。

20世纪70年代初，英国全国煤矿工人工会（British Coal Miners Union）领袖阿瑟·斯卡吉尔（Arthur Scargill）可能是英国最有权势的人物之一。1974年，他在全国发动罢工，企图推翻保守党政府，确立自己的政治地位。和30年前美国的约翰·L. 刘易斯一样，斯卡吉尔也赢得了罢工的胜利，最终导致保守党政府下台。但是，斯卡吉尔连同他所领导的工会遭到了重创。10年之后，他卷土重来，又发动了一场罢工，企图迫使另一个保守党政府下台，以重建自身势力。但是，这次情况不同，时任保守党领袖的英国首相撒切尔夫人赢得了公众压倒性的支持，甚至包括斯卡吉尔领导的煤矿工人的支持，结果这场罢工很快就平息了。斯卡吉尔领导罢工所取得的"成绩"不过是使撒切尔夫人通过议会立法，大幅削减了工会及工会领袖的权力。

在组织社会所有的主要组织中，工会的政治属性最强，它也的确必须如此。这是因为工会如果得不到政府的支持，连生存都难以维系，就更别提蓬勃发展了。在发达国家，工会单靠罢工很难获取什么利益，即使能够获取一些，也是极少的，大部分利益需要通过国家立法来保障。但是，除非工会利用手中的权力，推进"劳工的事业"，也就是履行其应有的职责，否则它做什么都不会成功。

即便如此，组织还是有很多社会权力。组织拥有人事任免的权力，可以决定雇用谁、解雇谁、提拔谁。组织也拥有制定规章制度的权力，如对组织成员分配工作任务、确定工作时间等。它还有权力决定建什么厂、建在哪儿以及关闭哪些厂。此外，它有制定价格的权力。

事实上，非商业组织拥有最大的社会权力。今天，大学拥有的社会权力之大，非历史上的任何组织可比。个人能否获得大学的录取资格，或取得大学颁发的学位，往往就决定他能否开始自己的职业生涯。同样，美国的医院也享有极大的社会特权。实习医生遭到医院的否定，实际上就等于被剥夺了日后的行医资格。工会有权力决定谁可以进厂当学徒，也可以控制只雇用工会会员的工厂招工，这就等于给了工会极大的社会权力。

组织的这种权力应该受到政治权力的监管、限制和约束，也应该经过法院的复核，遵循正当的法律程序。但是，组织的社会权力不能由政治机构行使，而必须由个别组织分别行使。之所以必须如此，主要是出于以下三点考虑。

首先，除了履行职责所绝对必需的权力外，组织不被允许拥有任何其他权力。除此之外的一切权力行使皆被视为越权。

其次，组织行使的正当权力必须受到监管，以免滥用。对于组织权力的行使，必须有明确公开的规则，还必须通过公正无私的第三方人士或法庭的复审裁定，要走法律上的"正当程序"。

对于主管教区的牧师而言，天主教主教手中拥有的权力远非其他任何组织的 CEO 能比。但是，天主教主教无权将其教区的牧师调离或解职，这只能由教区法庭来决定，而且必须有"正当的理由"。尽管主教有权任命教区法庭的成员，但只要他们的任期未满，主教就无权将其调离。

最后，也是最为重要的一点，组织的基础从权力转向责任，这就意味着组织必须限制其权力的行使。对于知识型组织而言，尤为如此。

1855～1865 年，普鲁士对其军队进行了重建，使之成为当时最为成功的新型组织。随后，各种现代组织纷纷效仿。当然，军队必须建立在命令与控制的基础之上。（为数众多的）不具备战斗技能的士兵，在仅有的几名（技术精湛的）军官的指挥下，反复操练，以备战时之需。这支曾轻松击败奥地利与法国的普鲁士军队（当时，两国投入了人数更多的军队，而且法国的武器装备优于普鲁士），实际上就是一条效率极高的"装配线"。普鲁士军队所需的知识由其专业"智囊"，也就是名声赫赫的普鲁士总参谋部提供，总参谋部的人员不同于"装配线"上的士兵，不参与作战行动。

20 世纪 20 年代末，这种组织结构的应用达到了巅峰。当时，这种组织结构应用到各种非军事组织的工作中，同时，越来越多的专业"智囊"机构有了很大的发展。

美国在第二次世界大战中的胜利，归根结底还是要归功于它将基于命令与控制的军事组织结构扩展至经济领域，也就是战时工业生产及后勤领域。但是，直至第二次世界大战结束人们才明白，这种基于命令与控制的组织正在快速落伍，不能满足未来所需。同时，人们正在明白，那些年的（广为人知的）新尝试，即通过赋予工人责任"感"（哈佛大学"人际关系"学派的核心思想）来修正以前的命令与控制模式，并不会取得成功。我们需要的远远不止心理操控。

那些年中，我首先提出"负责任的员工"应该具有"管理意识"与"管理责任"。但是，当时只有日本的产业界注意到了这一点，而且注意的程度还很有限。实际上，组织的转变始于军队。直至今日，军队，特别是美国的军队，在组织的基础从命令与控制转向责任方面走得最远，力度也最大。

从命令到信息

从 1970 年开始，信息开始使组织发生转变。我们很快明白，信息被作为结构成分和组织元素引入组织，就意味着许多（即便不是大多数）管理层的消失。在传统组织中，大多冠以"经理"头衔的人并不实际参与经营管理，他们所起的作用只是向下传达命令，向上传递信息。一旦信息很容易就能得到，他们的存在就是多余的了。

今天，我们光有以信息为基础的组织还远远不够，还要大力发展以责任为基础的组织。正如我们所见，开展知识工作的组织由越来越多的专业人士组成，他们在自己的专业领域比组织内的任何人都更有权威。之前的旧式组织都假定，上司对下属所做的一切都了如指掌，这是因为上司在几年前也担任过下属现在的职务。但是，以知识为基础的组织必须假定上司对下属的工作一无所知，他们从未担任过下属的职务。

交响乐团的指挥并不知道如何吹奏双簧管，但他知道双簧管对整个乐团应做的贡献。同样，外科大夫知道麻醉师应对手术做出什么贡献，但他并不了解麻醉师是如何对患者进行麻醉的。交响乐团指挥与外科大夫尚可以对团队成员做出评价，但在以知识为基础的组织中，大多数人无法对团队成员（专家）所做的贡献进行评价，这是因为他们根本就不了解这些专业人士的工作性质。正因为如此，营销人员并不具备足够的知识去评价市场研究人员的表现，他们甚至根本不懂市场研究人员的术语或统计方法。

销售经理可能从未有过销售预测和市场定价的经验，也就无法对预测人员和定价人员的工作进行指导。同样，医院的行政主管从未有过临床的经验，因此无法对实验室的病理学大夫的工作进行指导。在今天的军队中，飞行中队的指挥官也未必就能告诉地勤组组长，战机的出色保养意味着什么，更别提应该如何保养战机了。即便是在工厂车间（尤其是高度自动化生产的车间），工人对自己的工作也比管理者了解得更多。

从信息到责任

因此，以信息为基础的组织，要求每名成员必须为组织的目标、自己的贡献以及自己的行为负责。

这就意味着组织的所有成员必须充分考虑他们的目标与贡献，并为这两者负责。这也意味着组织成员之间没有"上下级"关系，只有"平级的伙伴"关系。此外，在以知识为基础的组织中，所有成员必须能够通过从结果到目标的反馈来控制自己的工作进程。[⊖]组织的所有成员还必须自问："此时此刻，我能为这个组织及其使命做出的主要贡献是什么？"换句话说，组织的所有成员都必须成为负责任的决策者，都必须把自己看作组织的"管理者"。

与工作伙伴（无论是上下级还是平级）经常沟通工作目标、任务优先级和预期贡献，是组织所有成员的共同责任。此外，确保自己的工作目标能符合整个团队的工作目标，然后相互配合、相互协作，也是组织所有成员的共同责任。

知识工作者应充分考虑自己对组织的贡献是什么，自己对组织所负的责任是什么。在知识组织中，无论组织成员的具体工作是什么，这都是他们应负的责任。

一个小型钢铁厂的97名技术人员，在法律上同属"劳动者"。但是，他们使用和控制的大型机械，生产出来的钢铁产量和一个拥有1000名工人的大型钢铁厂一样多。这些技术人员在他们计算机化的工作站中不断做出重大

⊖　这种观点，就是我在40年前《管理的实践》（*The Practice of Management*）一书中所讲的"目标管理"与"自我控制"。

决策。他们可以接受培训，也需要接受培训，但他们不能受人指挥。他们每个人不断做出的生产决策，对于小型钢铁厂的生产业绩来说，甚至比传统大型钢铁厂的中层管理人员的决策还重要。他们中的每个人都必须回答以下问题："组织雇用你，是让你来承担哪方面的责任的？""你需要哪些方面的信息？"反过来，"你需要向其他人提供哪些方面的信息？"这就意味着所有的劳动者都是以下决策的参与者：钢铁厂需要什么样的设备？工作应该如何安排？整个钢铁厂的基本运营政策是什么？在小型钢铁厂中，所有劳动者组成一个工作团队，每名团队成员均对组织的业绩负有责任。

即使乍看上去仅从事低技术含量或非技术类工作的组织，也要和以责任为基础的组织一样，对组织结构进行调整。仅有几家企业（一家在丹麦，一家在日本，还有一家在美国）在大幅提高非技术类工作（例如专门承包医院、工厂、写字楼的清洁保养公司的员工所从事的"卑微工作"）的工人生产力方面做得颇为成功。这些生产力的大幅提高主要得益于对企业底层员工责任感的要求：无论那些一开始就拿着水桶与扫把清扫医院地板或在别人下班回家之后才能打扫写字楼的工作多么卑微，企业都要求员工对自己的目标、贡献还有整个团队的业绩负责。这些员工比其他任何人都更了解自己的工作。当被认为是负责任的员工的时候，他们总会以负责任的态度去工作。

使每个人成为贡献者

今天，有不少人在谈论"授衔"（entitlement）和"授权"（empowerment），尽管这两个词的意思和以前的"级别"（rank）和"权力"（power）差不多，但已经具备了某种进步的含义。这就意味着，对以前那种以命令或控制为基础的组织而言，丧钟已经敲响。但是，我们更应该用"责任"（responsibility）

和"贡献"（contribution）来取代"授衔"和"授权"。这是因为，没有责任的权力根本就不是权力，只不过是不负责任罢了。

我们的目标是使人更加负责任。我们应该问的是"你应该负什么责任"，而不是"你应该被授予什么头衔"。在以知识为基础的组织中，管理工作并不是要让每个人都成为老板，而是要让每个人都成为贡献者。

2

第二部分

国 家

POST-CAPITALIST SOCIETY

第6章 | CHAPTER 6

从民族国家到巨型国家

在知识社会中，政治结构与政体（"政体"这一虽然陈旧但精确的术语，表示的就是政治社会和政治体制）的变化程度之深，足以和社会与社会结构的变化相媲美。这些变化都是世界性的，而且都已成为事实。

旧的社会秩序正在迅速消失，而新的世界秩序尚未出现。因此，实际上我们正在面临的不是今天的政客们常挂在嘴边的"世界新秩序"（new world order），而是"世界新混乱"（new world disorder）。这种无序的状态，没有人知道将会持续多久。

同样，在政治结构与政体方面，我们正在迈向一个"后"的时代，也就是"后主权国家"的时代。我们已经知道这些新兴的"后主权国家"，在政治结构与政体方面，完全不同于过去400年中的主权国家。我们也知道它们的新要求，并且能描绘出其中的一些（或许是大多数）。但是，我们对于"后主权国家"将会出现的问题，对于这些问题的解决方案，以及政治融合的新办法，并没有现成的答案。那些政治舞台上的主要角色——政客、外交官、大小官员、政治学家、政治评论家等，仍在沿用过去的老一套高谈阔论，他们的变化甚至比社会与社会结构领域的人士变化得还慢。不仅如此，从大体上讲，他们所采取的行动大都建立在对昨日的假设和昨日的现实之上，事实上他们也不得不这样做。

民族国家的悖论

大家都知道，实际上每本历史书都是这么讲的，在世界历史舞台上，过去的 400 年中一直是由西方民族国家担任主角。大家都知道这是事实（能对人类的某段历史达成共识，这还是首次），但这个事实充满了悖论。

在这 400 年中，这些世界历史中的主角纷纷努力超越民族国家的界限，使自己成为殖民帝国或欧洲（或亚洲）的超级国家，从而建立自己的跨国性政治体制。同时，在这 400 年中，欧洲殖民帝国你方唱罢我登场，在世界历史舞台上上演了一出出兴衰沉浮的好戏。首先登场亮相的是西班牙与葡萄牙，它们在 16 世纪快速崛起，又于 19 世纪初迅速没落。随后，从 17 世纪开始，英国、荷兰、法国与俄国相继崛起，这些帝国直至 20 世纪仍活跃在世界舞台之上。在这 400 年中，上述国家成为世界舞台的新主角后，马上就企图跨越民族国家的界限，朝着帝国的方向跃进，德国与意大利也是如此。1880 年至第一次世界大战期间，德、意两国刚刚统一就开始在世界范围内进行殖民扩张，至 20 世纪 30 年代，意大利再度燃起扩张企图。甚至连美国在 19 世纪初期也一度成为殖民帝国。作为唯一的非西方民族国家，日本也成为当时的殖民帝国。

在这 400 年中，在民族国家的发源地欧洲，就曾发生过 6 次某个民族国家企图超越国家的界限，将整个欧洲大陆纳入自己的势力范围，使自己成为欧洲的霸主，从而建立超级国家（superstate）的事件。第一次发生在 16 世纪中叶的西班牙。当时的西班牙才刚刚统一，国家结构极其松散，是由一些相互争吵的王国、公国、伯爵领地及自由城市组成的，它们共同宣誓为君主效忠。然而就是这样的一个国家，在 100 年后它的经济与军事实力消耗殆尽之时，都未曾放弃成为欧洲霸主的美梦。继西班牙之后，法国先后在黎塞留与路易十六的率领下，迅速崛起。然而在 75 年之后，法国与西班牙殊途同归，整个国家以往建立的财政与精神优势荡然无存。然而，这一切并没有挡住法国的另一位统治者——拿破仑称霸欧洲的野心。他将战火燃遍整个欧洲，给其他国家带来 20 年的动荡，这一切就是为了建立法国人统治下的欧洲超级国家，从而使自己成为全欧洲的主宰。随后，德国为了称霸欧洲，不惜在 20 世纪掀起了两次世界大战。亚洲的日本同样不甘寂寞，它在成为民族国家之后，马上就效仿西方的殖民帝国，企图建立日本人统治下的亚洲超级国家。

事实上，并不是民族国家导致了帝国的诞生，相反，是这些帝国称霸世界的野心才导致民族国家的兴起。西班牙帝国在腓力二世（也就是神圣罗马帝国皇帝查理五世之子和继任者）治下，在南北美洲的殖民地获得了大量金银，因而得以出资建立欧洲自古罗马军团以来的第一支常备军——西班牙步兵团，这也极有可能是最早的“现代”组织。随后，西班牙利用这支武装开始了征服欧洲之旅，第一次企图将整个欧洲统一于一面旗帜之下。面对西班牙的威胁，法国法学家兼政治学家让·博丹给予了强有力的回击。他在《国家六论》一书中，明确提出了民族国家的概念。可以说，正是由于西班牙的威胁，博丹所说的民族国家的事业才成为整个欧洲的“进步”事业。同时，正是由于这种巨大而真实的威胁，博丹建立民族国家的主张才被接受。但是，当时（16 世纪末期）博丹的民族国家模式看起来简直就像空中楼阁，极度脱离现实。他主张建立由中央控制的文官体系，只有文官才能对国家的主权负责；建立由中央控制的常备军，职业军官由中央政府任命，并对中央政府负责；由中央控制铸币、税收与关税；由中央任命专职法官行使司法权力，不能由地方权贵担任，而这些均与自罗马帝国灭亡以来存在千年之久的国家现实相悖。博丹的这些主张，严重威胁了"特殊利益集团"的既得利益：教会的自治权、对教区和修道院的豁免权；地方领主的拥有（只为其效忠）私人武装的权力、司法权、征税权；自由城市与行业公会的自治权以及其他特殊利益集团拥有的各项权力。但是，西班牙企图称霸欧洲的威胁使他们别无选择：要么让权于国家，要么接受异族的统治。自此以后，欧洲民族国家政治结构中的每次改变，几乎都是由类似西班牙称霸欧洲的企图，或法、德、俄从民族国家变为超级国家的野心所造成的（至少也是所触发的）。

　　因此，人们可能认为，既然政治学家都研究过殖民帝国的历史，那么他们一定会发展出一套殖民帝国的政治理论。其实，他们什么也没有做。事实上，这些政治学家始终将研究的重点放在民族国家的政治理论和机构研究上。同样，我们可能认为历史学家研究的重点都是那些欧洲超级国家，但在每所大学中，那些大名鼎鼎的历史学教授讲的都是"国别史"（national history）。那些著名的历史学著作讲的也都是民族国家，例如英国、法国、美国、西班牙、德国、意大利、俄国等。即使在英国，这个人类历史上持续时间最长、规模最大也是最为成功的殖民帝国，历史研究与教学的重点也始终放在民族国家上。⊖

　　⊖　实际上，美国曾出过一位一流的帝国史学家，他就是以西班牙与秘鲁征服史享誉学界的威廉·H. 普雷斯科特（William H. Prescott，1796—1859）。还有一位是法国当代的史学泰斗费尔南·布罗代尔（Fernand Braudel，1902—1985），他并没有把自己的研究视野局限于民族国家领域，而是整个欧洲甚至世界。但是，他的研究重点是经济史和社会史，而不是政治史。19 世纪两位最伟大的德国历史学家，将历史学确立成为一门"科学"，他们分别是利奥波德·冯·兰克（Leopold von Ranke）和特奥多尔·蒙森（Theodor Mommsen）。他们两位也没有把自己的研究视野局限于德国历史。比如说，兰克的主要著作中就有一本是研究教皇史的，而蒙森的代表作写的就是罗马史。但即便是他们，也都忽略了帝国在当代政治中所扮演的角色，仅把它们称霸欧洲的企图作为国别史的一部分，并没有意识到这是它们希望超越和取代民族国家，向超级国家（跨国性的政治结构）迈进的历史性事件。

关于他们忽略对帝国与超级国家的研究，有一种解释是二者都不是发展成熟的政体。的确，位于伦敦的英国上议院是大英帝国所有属地的最高上诉法院，但是它在开庭期间只处理不列颠诸岛的事务实属常见。同样，英国议会在理论上是大英帝国所有属地的立法机构，但所有的议员只从联合王国，也就是只从不列颠诸岛中选出。除非发生危机，否则议会极少关注联合王国之外，也就是大英帝国其他属地的事务。英国的国王或女王统治整个大英帝国，但在英属殖民地脱离英国的统治纷纷独立之前，没有一位君主曾踏入过这些殖民地半步（直至大英帝国逐步瓦解之后，现任女王伊丽莎白二世才开始对前殖民地国家进行国事访问）。即便如此，与历史上的其他帝国相比，英国与其殖民地国家的关系还是走得最近的。

这些殖民"帝国"并非虚构，但它们不是严格意义上的"帝国"，只不过是从罗马帝国那借用了一下"帝国"二字而已，它们是拥有殖民地的民族国家。得出以上结论并不复杂，只需要将它们的政治结构与罗马帝国稍做比较就能一目了然。这些殖民帝国前后持续的时间长达 400 年之久，恰恰和罗马帝国的寿命不相上下。在这么长的时间里，母国本应该完成与其殖民地国家在政治、社会与经济上的融合，但是它们并没有这样做，甚至也不打算这样做。

（开国皇帝）奥古斯都之后，罗马帝国的三个最伟大的皇帝——图拉真（Trajan，公元 98～117 年在位）、哈德良（Hadrian，公元 117～138 年在位）与戴克里先（Diocletian，公元 284～305 年在位），均出生于殖民地。图拉真与哈德良在西班牙出生长大，而戴克里先在南斯拉夫出生长大。他们都没有拉丁血统，图拉真与哈德良极有可能是柏柏尔人（Berber），而戴克里先极有可能是伊利里亚人（Illyrian）或斯拉夫人（Slav）。但是，你能够想象美国的乔治·华盛顿（George Washington）、南非的扬·史末资（Jan Smuts）或印度的贾瓦哈拉尔·尼赫鲁（Jawaharlal Nehru）出任英国首相的情景吗？

当然，毫无疑问，这三位都是那个时代英语国家中最有能力、最为杰出的政治领袖（他们三人分别于 18 世纪末、第一次世界大战后、第二次世界大战结束丘吉尔谋求连任英国首相失败后出任美国总统、南非总理和印度总理）。

在罗马帝国留给世人的遗产中，影响最为深远的是用拉丁文写成的《国法大全》(*Codex Juris Civilis*)，这部法典至今仍是欧洲各国法律体系的基础。然而，这部法典却是由讲希腊语的东罗马帝国皇帝查士丁尼（Justinian，公元 483～565 年在位）在君士坦丁堡邀请法律学者编撰的。这些学者中没有一个是罗马人，当时，讲拉丁语的西罗马帝国早已沦陷于蛮族的入侵之中。

在西罗马帝国灭亡后的数百年中，前帝国境内的学者，甚至是最虔诚的基督徒，仍把自己看作罗马人，仍用西塞罗（Cicero）风格的拉丁语学习、写作，梦想回到奥古斯都、图拉真、哈德良执政的时代，重温"罗马的荣耀"。

美国独立战争期间，也就是历史上第一个现代帝国（大英帝国）开始崩溃瓦解之时，作为殖民地的 13 个州的许多居民仍把自己当作英国人，而不是美国人。但美国的这些"亲英分子"(Loyalists)反对独立实属特例。在墨西哥、哥伦比亚、巴西等殖民地，当地的居民中几乎无人为西班牙与葡萄牙帝国的没落而感到痛心。对于 20 世纪英国、法国、荷兰、日本帝国的相继灭亡，其殖民地的居民为此而感到痛心的人就更少了。印度在英国殖民统治时期，上流社会中涌现了一大批谙熟（英、印）双重文化的精英分子，他们大多毕业于英国的名校，几乎所有人都对英国的诗歌、法律、哲学和历史了如指掌。然而，他们当中几无一人拥有难以割舍的帝国情怀。在印度争取独立以实现自治的过程中，没有一人打算找出妥协方案——既保留大英帝国的文化，又实现符合宪法意义上的独立，相反，他们成为最为坚定、最不妥协的斗士，为了印度成为主权独立的民族国家而抗争到底。

更令人感到惊异的是，俄罗斯帝国内部出现了严重的整合问题。几个世纪以来，在沙皇俄国和苏联时代，乌克兰人、白俄罗斯人、亚美尼亚人、格鲁吉亚人、日耳曼人等（除犹太人和信仰天主教的波兰人之外的所有欧洲人），与俄罗斯人一样，一直都受到平等的待遇。但他们唯一不得不做的事情就是学习俄语。沙皇时代的许多将军与大臣都具有日耳曼血统，例如末代沙皇政府改革派的总理大臣维特（Witte）伯爵。在苏联时代，斯大林是格鲁吉亚人，苏联红军的最后一任参谋长是乌克兰人。然而，随着苏联的解体，一切与联盟有关的情感、政党与运动也统统消失。

这些殖民帝国无力将其殖民地整合成某种政体或政治社会，却能如此轻易地（或自然地）就成为帝国，这是相当令人费解的。虽然罗马帝国在建立的过程中经历了一场又一场血腥战争，但现代殖民帝国的建立极少诉诸武力。的确，英国曾在印度使用过武力，但其对手主要是法国人，而不是印度当地的统治者。英国也曾在南非进行过一场残酷的"布尔战争"，但其对手是荷兰裔殖民者，而不是南非的当地人。除此之外，英国在殖民扩张的过程中极少采取大规模的暴力行动，即便是与当地人发生了一些小规模的冲突，动用的士兵数量也不过千人而已。从美国独立到第一次世界大战后爱尔兰脱离英国统治成为独立国家的 150 年当中，英国殖民者只碰到过一次殖民地人民大规模的反抗运动，就是发生于 1857 年的印度民族起义。

同样，俄国在帝国扩张的过程中，只有在高加索地区遭遇过长期的反抗，而在乌克兰、巴尔干（18 世纪这些国家被俄国吞并）和中亚地区均未受到任何抵抗。法国在东南亚和非洲的殖民扩张中，同样只遭遇过一些小规模的冲突，动用的兵力甚至比它（或其他任何欧洲国家）为了解决因欧洲边界问题而发生的纠纷投入的兵力还少。

这些欧洲大国一旦出现衰弱的迹象，它们的帝国就纷纷瓦解，它们的殖民地纷纷独立成为民族国家。亚洲的日本也是如此。就连大英帝国的白人自治领——澳大利亚、加拿大、新西兰等，在摆脱殖民统治后马上独立成为民族国家，虽然它们今天仍为自己从大英帝国继承的遗产与文化传统而感到自豪。除了民族国家，我们至今仍未能找到其他能够有效进行政治整合的模式。

现代帝国缺乏政治整合的能力，唯有民族国家才能整合政治、建立政体（政治社会）、成立民间团体。

在欧洲，那些雄心勃勃的征服者均无力将自己的庞大帝国（超级国家）有效整合为一种政治结构，他们能做的只有血腥征服。然而，建立欧洲超级国家的"梦想"往往伴随着有强大吸引力的意识形态，这样的情况就发生过三次。拿破仑在法国大革命时高呼的口号是"自由、平等、博爱"（Liberté，Egalité，Fraternité）；希特勒所煽动的是对犹太人的仇恨、嫉妒和反犹主义（anti-Semitism）——我们至今都不愿承认，当时反犹主义在欧洲国家中的吸引力是如此之大，足以使各国对希特勒的扩张一再姑息纵容，而不是奋起抵抗，直至德国的铁蹄踏遍整个欧洲。甚至连日本的情况也是如此，它建立泛亚洲超级国家的企图，打的就是反对西方列强在亚洲建立殖民地的旗号，这在当时同样是一种强有力的意识形态。

所有的这些统治者都无力在自己征服的土地上建立一种政体（政治结构或一套政治机构），在取得殖民地人民的认同方面，其胸怀甚至远远逊于圣保罗（St. Paul）"我是一个罗马公民"（I am a Roman citizen）的主张。从宗教与种族来讲，保罗是犹太人，就文化与语言来说，他是希腊人，但其"我是一个罗马公民"的主张则是一种更高层次的诉求，既代表了对更高一级法律的接受，又代表了对超越地理、种族和语言的政治认同。

所有的现代帝国与超级国家从当初的踌躇满志到最终的垂死挣扎，都是因为它们无力超越民族国家，就更别提成为民族国家的继任者了。

虽然在帝国与超级国家兴衰沉浮的几个世纪中，民族国家仍作为唯一的政治现实存在，但是它在最后的 100 年中摇身一变，跨越发展成为巨型国家。

巨型国家的维度

到 1870 年，民族国家已在世界范围内取得胜利，甚至连奥地利也发展为奥匈帝国，成为奥地利和匈牙利这两个民族国家所组成的联邦。1870 年前后的民族国家，在形式与功能上，均无异于 300 多年前博丹提出的主权民族国家概念。

一个世纪之后，1970 年的民族国家与博丹提出的民族国家概念或与 1870 年的民族国家，几乎没有任何相似之处。它们已发展成为巨型国家——虽与 1870 年的民族国家属于同类，但与后者的区别就如同美洲豹与小猫咪的区别一样。[⊖]

（博丹设计的）民族国家的初衷是成为民间团体的保护者，而巨型国家成了它的主人。在巨型国家的终极形式——极权主义中，国家完全取代了民间团体，成为一种政治社会。

民族国家设计的初衷是为了保护公民的生命、自由与财产不受君权任意的侵犯。而巨型国家，即使是极权程度最低的英美模式都认为，公民拥有财产的数量应由国家税收来决定。正如约瑟夫·熊彼特在《财政国家》（*The Fiscal State*，1918 年）一文中所指出的：巨型国家坚持认为，公民要拥有多少财产，只能经过它们或明或暗的允许才能决定。

按照博丹的设计方案，民族国家的首要功能就是维护民间团体的稳定，

⊖ 最早认识到这一点的不是政治学家和政治家，而是小说家弗兰兹·卡夫卡（Franz Kafka）。在 1926 年出版的卡夫卡的两部遗作《审判》（*The Trial*）和《城堡》（*The Castle*）中，他对早期的巨型国家进行了鞭辟入里的分析。

尤其是在战争时期。实际上，这是对民族国家"最基本"的要求。巨型国家已经逐渐模糊了和平时期与战争时期的区别。对它们来讲，并不存在什么和平时期，有的只是"冷战"时期。

保姆国家

从民族国家到巨型国家的转变，始于19世纪的最后几十年。俾斯麦于19世纪80年代创建的福利国家，是迈向巨型国家的第一小步。俾斯麦当时的目标是对抗迅速高涨的社会主义大潮，是对阶级斗争威胁所做出的回应。俾斯麦之前，政府只被视为一种政治机构，但俾斯麦使政府也成了一种社会机构。他所设计的福利措施——医疗保险、工作意外保险、养老金（30年后，也就是第一次世界大战结束之后，英国才推出了失业保险），在当时一点也算不上是过分之举。然而，这种设计的原则却是革命性的，原因在于，对于这些措施的实施而言，政府的力量要比（以政府之名的）个人的力量大得多，运作起来也更为有效。

在德国的医疗保险体系当中，所有的雇员及其家属都必须参加保险，但是可以自由选择保险公司（当时大多数保险机构都不是政府性质的）。英国推出的失业保险实际上是使国家充当了保险公司的角色，但国家也仅仅是作为单纯的财政机构行使职能。1935～1936年，美国引入了福利国家的做法，建立了自己的社会保障制度，基于的是相同的设计原则。罗斯福新政时期所采取的大部分社会举措也属于社会保障范畴，如农产品价格补贴、土地休耕补贴等，从而增加了农民的福利，限制了农业的过度生产。

20世纪二三十年代，法西斯主义者与纳粹分子接管了社会机构。但是在民主国家，政府仍然恪守自己作为"承保人"的职责，至多不过是提供一些补贴。大体上，民主国家政府仍然能够置身于社会工作之外，或者并不强迫公民采取适当的社会行为。

　　第二次世界大战后，这种情况发生了急剧改变：民主国家摇身一变，从"提供者"变为了"经营者"。传统福利国家最后的一项举措是美国颁布《退伍军人权利法案》，其于第二次世界大战后开始实施，这极有可能是最为成功的法案。该法案资助退伍军人接受大学教育，获取更高的学历。然而，美国政府并没有强制规定退伍军人应上哪所大学，也没有企图经营任何一所大学。想去大学继续念书的退伍军人，政府为其提供资助，他们还可以自己决定上哪所大学，学什么专业。但是，大学有权力拒绝他们的入学申请。

　　在第二次世界大战刚刚结束后的那段时间里，世界上另一个主要社会事件是英国国家卫生署成立。在非极权国家中，英国国家卫生署第一次取代政府扮演"承保者"或者是"提供者"的角色，但这种改变仅仅是部分的。对于规范的医疗服务来说，英国政府在国家卫生体系中扮演的角色应该是保险公司，由它将投保人的保险费用支付给照顾患者的大夫。但是，大夫并不会因此而成为政府的雇员，患者选择大夫的权力也不会受到任何限制。然而，英国国家卫生署下属的医院与提供的医疗服务实际上是由政府接管的，也就是说，医院的工作人员实际成了政府的雇员，而政府也在管理着医院。这是政府社会角色改变的第一步，这就意味着政府不再是以前的"规则制定者""促进者""承保者""支付代理人"，而成了实际运营者和经营者。

　　政府是解决所有社会问题与承担社会任务最合适的实际运营者，这一观念在 20 世纪 60 年代为所有的西方发达国家所接受。事实上，那时社会领域中一些非政府性质的、民间的社会活动开始受到质疑，甚至所谓的自由主义者都认为，这些活动是"反动的"，是带有"歧视性的"。在美国，政府已经成为社会领域事务的实际运营者，尤其是在种族多元化的社会中，政府利用自己的行政命令或采取的行动，试图改变人民的行为方式。到目前为止，在非极权国家中，只有美国政府打着消除（种族、年龄与性别）歧视的旗号，企图改变社会价值观与个人的行为方式。

作为经济控制者的巨型国家

到了 19 世纪末，民族国家逐渐成为一种经济机构。这种改变是从美国开始的，它首先制定了商业监管的政策，随后将符合资本主义经济特征的几家新兴行业的企业收为国有。19 世纪 70 年代初，美国政府开始逐步将金融、铁路、电力、电信等行业纳入监管范围。美国政府的这种监管措施（这是 19 世纪最为新颖的政治创举之一，也是从一开始就取得巨大成功的政治创举）最初就被认为是在走介于"放任"（unfettered）的资本主义与社会主义之间的"第三条道路"，是对由技术进步和资本主义迅速扩张所导致的社会紧张局势与社会问题的回应。

几年后，也就是 19 世纪 80 年代，美国政府开始将企业收归国有。最早开始实施这一计划的是时任内布拉斯加州州长的威廉·詹宁斯·布赖恩（William Jennings Bryan），计划的最早实施也是在内布拉斯加州进行的。又过了十几年，大约是在 1897～1900 年，维也纳市市长卡尔·吕格尔（Karl Lueger）同样剥夺了奥地利首都有轨电车公司、电力公司和煤气公司的所有权，收归市政府所有。和俾斯麦一样，布赖恩与吕格尔是美国人所称的"民粹主义者"（Populist）。他们很早就意识到，为了缓和劳资双方不断升级的阶级斗争，将部分企业收为国有不失为一种疏导的手段。

在 19 世纪，确切地说应该是在 1929 年之前，极少有人相信政府有能力或者应该管理经济，更遑论政府有能力或者应该控制经济的衰退与萧条了。当时大多数的经济学家都认为，市场经济应该有"自我调节"的能力。很多人都相信，只要废除财产私有制，经济就会进行自我调节。民族国家及其政府需要做的，就是通过保持货币稳定、降低税率、鼓励节约与储蓄等措施，维护良好的经济"气候"，以利于经济的发展与繁荣。而经济"天气"，也就是经济波动，则不是谁都能够左右的。造成经济波动的原因往往来自国际市场，而非源于民族国家的内部，仅此一点，就能得出以上结论。

1929～1933 年世界范围的经济大萧条催生出一条信念：一国政府能够也应该能够控制好经济"天气"。英国经济学家约翰·梅纳德·凯恩斯（John Maynard Keynes，1883—1946）首先断言，一国经济可独立于世界经济体系之外，至少大中型国家可以做到。后来，他又主张，一国独立自主的经济完全可以通过政府政策，例如通过控制政府支出来决定。今天的经济学家们，无论他们与凯恩斯的其他观点分歧有多大，也不管他们是弗里德曼货币学派的支持者、供给学派的拥护者还是后凯恩斯学派的认同者，都始终追随着凯恩斯的这两条主张。他们一致认为民族国家及其政府应该成为本国经济的主宰，从而控制本国的经济"天气"。

财政国家

20 世纪的两次世界大战，使民族国家转变成"财政国家"。

直至第一次世界大战，历史上还没有一个政府能从该国国民收入中征得超过 6%（这一数字显然不大）的税收，即便在战时也是如此。但是，在第一次世界大战中，每个交战国（甚至最穷的交战国）都发现，政府几乎可以无限制地榨取人民的财富。随着第一次世界大战的爆发，所有交战国的经济已经完全货币化了。结果，奥匈帝国与沙皇俄国这两个交战国中最穷的国家，实际能够征到的税款和借贷的数目甚至比其人民一年的收入还多，这种情况在第一次世界大战时期几乎年年如此。它们处心积虑、绞尽脑汁花光了国家数十年来所积累的资本，统统用于发展军备。

当时仍生活在奥地利的熊彼特，立刻洞悉了所发生的一切，其他的经济学家和大多数的政府则需要在第二次教训，即在第二次世界大战之后才能明白。然而，至第二次世界大战，所有的发达国家以及诸多的发展中国家都已成为"财政国家"。那些经济学家开始相信，对于政府可以征多少税、借贷多少，并没有经济上的限制，因此，对于政府的支出，也没有经济上的限制。

熊彼特曾指出，只要政府仍处于运作之中，它的预算过程就一定要从估算可得到的税收开始，政府的支出必须与这些税收相匹配。鉴于政府那些"崇高的事业"对财政支出的需求是永无极限的，在预算的过程中就必须决定对哪些支出项目说"不"。无论是民主政府还是专制政府（例如沙皇俄国），只要税收受到限制，它的运作就必将受到更大的限制。这些限制使政府不可能作为一种社会机构或经济机构来行使职责，履行使命。

自第一次世界大战起，更为显著的是自第二次世界大战起，政府的预算过程实际上意味着向所有项目说"行"。

传统上讲，政府，也就是政治社会，只能使用民间团体所赋予的权力行事，至于能做多少，则会受到民间团体授权其能够使用多大比例的国民收入的限制。一般来说，这一比例的范围极其有限，而只有这一部分可以实现货币化，也就是说，可以转化为税收或国债的形式，从而成为政府的收入。然而，从第一次世界大战起，新的分配方案假定，政府要得到多少收入，并没有任何经济上的限制，这样一来，它就成了民间团体的统治者，能够随心所欲地对社会进行改造。最为重要的是，政府可以利用税收与支出，对社会的收入进行重新分配。因此，政府就能利用手中的财政大权，按照自己心目中的设想，对社会进行大刀阔斧的改造。

在这种新方案的逻辑下，极容易产生这种看法——整个国民收入属于政府，至于个人能够拥有多少，则完全取决于政府的态度。1914年以前，实际上是1946年以前，从未有人提起过"税制漏洞"（tax loophole）。在此之前的假设是：全部国民收入归个人所有，除非纳税人通过其政治代表机构（无论是专制政府还是议会）明确提出愿意将收入转让给政府所有。

"税制漏洞"这一术语意味着：全部国民收入归政府所有，除非政府特意授命，将其收入让与纳税人保留。不管纳税人最终能够保留多少，之所以他们还能保留一些收入，靠的完全是政府的睿智与慷慨，愿意让他们保留一些。

即便是在美国，尤其是在肯尼迪时代，美国的官员，特别是联邦政府的官员也普遍认为：除了政府明确允许纳税人保留的部分，其余的一切国民收入归政府所有。

冷战国家

如果说，福利国家建立于政府作为经济控制者的基础之上，财政国家产生于社会、经济问题以及相应的理论基础之上，那么冷战国家，也就是巨型国家的发展演变，则是对技术进步所做出的一种回应。

冷战国家，这一国家形态最早可以追溯到德国在 19 世纪 90 年代做出的一项抉择：在和平时期建设一支庞大的海军，用于威慑其他国家。这触发了欧洲各国的军备竞赛。德国人深知，自己的这项举动冒着极大的政治风险，事实上，当时德国的多数政治人物也明确反对这项政治决定。但是，海军的高层将领深信，出于技术的考虑，德国别无选择。建设一支现代化的海军，就意味着必须拥有钢甲战舰，而这种钢甲战舰必须在和平时期建造。如果按照传统政策规定的那样，等到战争爆发才着手建造，根本就来不及。

1500 年后，封建骑士开始没落，交战各国的胜负主要取决于武器装备，生产这些战备物资的兵工厂则由和平时期的民用工厂迅速改造而成。美国南北战争期间普遍使用的火炮，就是在战争爆发后，由那些和平时期的小作坊、民用工厂迅速改造而成的兵工厂所生产的。原本生产民用服装的纺织厂几乎一夜之间就改为生产军装。实际上，19 世纪下半叶的两场恶战，也就是美国南北战争（1861～1865 年）和普法战争（1870～1871 年），大多是由战争爆发前几周才穿上军装的平民打的。

1890 年，德国海军的高层将领认为，现代技术已经改变了这一切——战时经济不能由平时经济改造而成，二者必须严格区分。战争爆发之前，无论是武器装备还是参战士兵，都必须大量贮备，以备战时之需。无论是武器装备的生产还是参战士兵的训练，都需要越来越长的准备时间。

德国人含蓄地指出，国防不再意味着使战争状态远离民间团体与民间经济。在现代的技术条件下，国防意味着使社会与经济永远保持一种战时状态。这种状态下的国家就是"冷战国家"。

19 世纪和 20 世纪之交最具敏锐嗅觉力的政治观察家、法国社会党领导人让·饶勒斯（Jean Jaurés，1859—1914）早在第一次世界大战爆发前，就意识到了这一点。第一次世界大战爆发后，美国总统伍德罗·威尔逊（Woodrow Wilson，1856—1924）也认识到了这一点，而这也成了他倡议成立国际联盟（League of Nations，用于监督各国军备的常设机构）的理论依据。美国于 1923 年召开华盛顿海军军备会议（Washington Naval Armaments Conference），是把建立军事联合组织作为一种军备控制手段的首次尝试，然而，这次努力不幸流产。

在第二次世界大战结束后的短短几年中，美国还曾一度打算使国家回到和平时期"正常"的状态中去，希望在最大的限度内尽快完成裁军任务。然而，在杜鲁门和艾森豪威尔时代，冷战的来临改变了这一切。此后，冷战国家成为国际政治领域的主要组织形式。

到 1960 年，巨型国家成为发达国家的政治现实，这种政治现实表现在各个方面：它既是社会机构、经济的控制者，又是财政国家、冷战国家（仅有少数国家例外）。

日本特例

在发达国家中，日本是一个特例。不管"日本国家企业"（Japan Inc.）的说法是不是事实（实际上，西方国家对日本的这种描述并没有多少事实依据），日本在第二次世界大战结束后并没有采取冷战国家的形式。日本政府既不打算成为本国经济的主宰，又不打算成为本国社会的主人。相反，面对战后断壁残垣的颓丧，日本的重建工作实际上是在走 19 世纪国家的传统路线。当然，在军事的重建上，作为战败国的日本没有什么可以选择的余地。但是，在社会项目的设计实施上，日本也没有多少作为，唯一的例外是国家医疗保险项目，这还是作为战胜国的美国在占领时期对日本强迫实施的。事实上，在当时所有发达国家中，日本是唯一将早已"国有化"的产业（如钢铁业）恢复"民营化"运营的国家。直至 20 世纪 80 年代，英国的撒切尔夫人才开始对英国产业进行"民营化"改革。

从 18 世纪和 19 世纪初期的传统政治理论来看，日本显然是一个奉行"国家主义"的国家。当然，说日本是国家主义的国家，是跟西方国家相比较而言的，这就如同说德国或法国是国家主义的国家，是跟英国或美国相比较而言的道理一样。日本拥有庞大的行政机构（虽然从比例上讲不比英语国家大），其权力之大、声望之高，与 1890 年德国、奥匈帝国和法国的行政机构不相上下。日本政府与大型企业的合作之密切，同样与 19 世纪末期欧洲大陆国家的政府与经济利益集团的合作难分伯仲，事实上，也跟 19 世纪和 20 世纪之交美国政府与企业或农业利益团体的合作没什么两样。

如果将巨型国家作为判断的标准，也就是说判断政治体制的标准是事实而非理论的话，那么战后的日本政府所扮演的角色受到了最大的限制和束缚。从 19 世纪的传统观点来看，日本政府的权力极大。但从 20 世纪世界其他国家的政府业已染指的领域来看，它的权力就显得不是那么突出了。实际上，日本政府在社会中扮演的角色还仅限于"守护者"。⊖

除了日本之外，向巨型国家迈进的历史洪流似乎席卷了世界所有的发达国家，而发展中国家也迅速跟进。一个新的民族国家刚刚诞生，摆脱了帝国的统治，它立刻就采取新的军事政策——和平时期做好战备，制造或采购先进武器，以备战时之需；它立刻就试图控制社会；它立刻就试图利用税收机制，重新分配国民收入；它立刻就试图成为经济的经营者，通过对绝大多数产业实施国有化政策继而成为经济的所有者。这些做法，在发展中国家几乎无一例外。

就政治自由、知识自由和宗教自由这三方面而言，极权国家与"民主国家"（多年以来主要指的是英语国家）完全针锋相对。但就政府的理论基础而论，这两种国家体制的不同主要表现在程度上，而非类别上。与极权国家相比，民主国家的不同之处在于做事的方式，至于应该做哪些事，则没有什么太大的差异。它们都把政府视为社会的主人和经济的主宰，同样，它们都把和平视作"冷战"。

⊖ 1915 年，美国杰出的社会学家托斯丹·凡勃伦（Thorstein Veblen）在其《德帝国与产业革命》（*Imperial Germany and the Industrial Revolution*）一书中，曾试图解释德国崛起并成为经济大国的原因。75 年后，美国经济学家查默斯·约翰逊（Chalmers Johnson），日本经济政策研究方面美国顶级的专家之一，在其《通产省与日本奇迹》（*Miti and the Japanese Miracle*，斯坦福大学出版社，1982 年）一书中，也试图解释日本崛起及成为经济大国的原因。约翰逊坚信，日本在第二次世界大战结束之后采取的经济政策没有照搬他国，完全是自己的创新。然而，凡勃伦认为，德国在第一次世界大战前 40 年经济爆炸性增长时期所采取的政策，与约翰逊笔下日本采取的经济政策，存在着诸多莫名的相似之处。

巨型国家成功了吗

巨型国家成功了吗？在最终形态（也就是极权国家）中，它肯定是彻彻底底地失败了，而且毫无挽回的余地。也许有人会说，对于苏联来讲，冷战国家的模式在军事上相当成功，40 年来，它始终是军事强国。但是苏联多年以来不惜任何代价大力发展军备，使经济与社会不堪重负。苏联的解体，的确与此有着很大的关系。

相对来说更为温和的巨型国家成功了吗？也就是说，对西欧的发达国家与美国而言，巨型国家成功了吗？答案是：也没有好到哪去。大体上，巨型国家在西欧和美国的失败程度跟苏联没什么两样。

作为财政国家形态出现的巨型国家一直鲜有成功之处。在促进收入的重新分配方面，它没有取得任何进展。事实上，过去的 40 年已经充分证明了帕累托定律。按照这个定律，社会两大主要阶级之间的收入分配取决于，而且只取决于两个因素，即社会文化与经济中的生产力水平。经济中的生产力水平越高，收入差距就会越小；生产力水平越低，收入差距就会越大。帕累托定律断言，单靠税收手段无法改变这一点。但是，财政国家倡导者的理论根据在于：税收手段可以有效地、永久地改变收入分配。我们在过去 40 年中取得的所有经验，都证明了这种理论根据是站不住脚的。

美国是一个很好的例子。直到 20 世纪 60 年代末 70 年代初，只要美国的生产力水平一有提高，收入差距就会逐步缩小。尽管美国的富人还会越来越富，但跟穷人相比，他们收入增长的速度逊色很多，而中产阶级收入增长的速度更快了。自越南战争爆发，美国生产力增长的速度开始放缓，直至趋零，结果收入差距开始逐渐拉大，任何税收改革均不见效。无论是尼克松政府与卡特政府对富人征以重税，还是里根政府大大减轻对富人的征税，都无益于缩小贫富差距的鸿沟。英国的情况也基本如此。尽管英国政府公开承诺其税收改革是为了最大限度地降低收入差距，进而实现社会公平，但在过去的 30 年中，由于生产力水平停滞不前，收入差距还是不可避免地日益拉大。

尽管贪腐丑闻层出不穷，但日本仍是收入水平最为平均的国家。日本是生产力水平发展最快的国家，也是极少使用税收手段调节收入差距的国家。

巨型国家以及现代经济理论还主张，只要一国政府能够控制国民总收入的绝大部分，它就可以对国民经济进行成功的管理。这种论调同样是站不住脚的。这种理论在英美国家有着很大的市场。跟 19 世纪相比，美国在 20 世纪经历的经济衰退无论在发生频率、严重程度还是在持续时间上，均未见好转。与此恰恰相反的是，不奉行现代经济理论的国家，如日本与德国，与那些认为通过调控财政盈余和政府赤字就能有效掌控经济，就能有效减少经济周期性波动的国家相比，反而经历经济衰退的次数更少、严重程度更低、持续时间更短。⊖

财政国家认为，政府只要能够控制支出的多少，就能够控制经济走势。然而，这一理论充满了悖论。所有发达国家（也包括大多数的发展中国家）的政府平时大手大脚惯了，该花的不该花的都花了，一遇到经济衰退，就拿不出钱来增加支出了。按照现代经济理论，这正是政府应该增加支出的时候，用以提升百姓的购买力，从而刺激经济复苏。然而此时，所有发达国家

⊖ 20 世纪 60 年代肯尼迪政府提出的所谓减税方案，尽管被那些支持现代经济理论、认同经济衰退完全可控的人士一再援引，但事实上是"海市蜃楼"。这一方案下的税收并没有真正削减。对于联邦政府而言，税收的确是削减了，但与此同时对于各州政府与地方政府来说，税收反而增加了。不仅如此，增加的数额还远远超过了联邦政府削减的数额，因此美国人民身上的负担实际上更重了。尽管肯尼迪的减税方案最后变味为增税方案，但美国的经济还是如期复苏了。这就说明，没有政府的干预，美国的经济仍会复苏，甚至比原定的时间表还快。

的政府在征税和借贷方面已经达到了自己能力的上限，再也无力拿出更多的钱来刺激消费、拉动经济。实际上，在经济高速运行的时候，它们就已经达到了征税与借贷的上限，按照现代经济理论，这时本应该勒紧裤腰带度日，实现盈余，以备不时之需。总之，财政国家国库的钱花完了，对于经济，它也就无力回天了。

财政国家还有一项基本原理也是站不住脚的。凯恩斯主义与后凯恩斯主义的核心理论是：对于国家而言，税收总额是至关重要的。过去的 40 年同样证明了国家征什么税，与征多少税是同样重要的。经济学家所说的"征税范围"（incidence of taxation）是至关重要的，然而第二次世界大战后的经济学家往往对这一概念嗤之以鼻。[一]（更多内容请参阅第 8 章。）

政治分肥国家

最糟糕的是，福利国家已转变为"政治分肥[二]国家"（Pork-Barrel State）。如果政府在编制预算的过程中首先考虑的是支出项目，那么这个国家就毫无财政原则可言——政府支出已沦为政客收买选票的工具。18 世纪君主专制政体最为人诟病之处，就在于君王可以随心所欲地使用国库中的公款犒赏宠臣。政府的财政会计，尤其是预算会计，向立法机关负责，受立法机关监督，这种制度的建立就是要使政府肩负起责任，防止官员公款私用。在财政

[一] 关于这方面的基础研究，是由美国经济学家爱德华·R. A. 塞利格曼（Edward R. A. Seligman，1861—1939）在第一次世界大战前完成的。在其经典作品《税负的转嫁与归宿》（Shifting and Incidence of Taxation，1892 年）中，他做了进一步的论述。

[二] "政治分肥"是美国政界经常使用的俚语，它的本义是"猪肉桶"，也可译作"肉桶立法"或"政治分赃"。猪肉桶的说法最早产生于美国，据说源自印地安人在族人中分享腌制猪肉的传统。现在专指国会议员出于讨好、报答支持者的目的，为本州选民和利益集团的项目争取联邦经费的现象，其中部分项目纯粹是浪费公共资源。——译者注

国家，政客们往往利用公款收买选票，以确保自己当选。

在美国各级（联邦、州、市）政府的预算中，有很大一部分往往用来补贴少数地方选民群体，如北卡罗来纳州少数种植烟草的农民、佐治亚州种植花生的农民（他们的数量更少）、路易斯安那州种植甘蔗的农民、中西部某个州从事夕阳产业的工人、社会保障金收入排名前 5% 的退休人员、新政时期其土地被征用"修渠建坝"（这些渠坝今天已完全不能发挥经济功能）的失地农民、（早已失去军事价值的）军事基地附近的小镇居民等。美国政府预算支出中究竟有多大比例用于讨好上述特殊选民群体（这些特殊选民群体的利益不符合国家的公共政策，多数情况下甚至与国家的公共政策相悖），没有人确切了解。但是，这一数字在联邦政府和州政府预算中所占的比例之高，远远超出我们的想象。而在日本，政客们的这种"假公济私"的行为已经成为公开的秘密，大家也越来越多地认为，政客们的角色就是要把国库中的钱装入少数特殊选民的口袋，从而获取他们的支持。

史上最厚颜无耻、规模最大的政治分赃事件，也就是利用公款为自己收买选票的事件，发生在 1990 年秋天的德国。当时的总理赫尔穆特·科尔（Helmut Kohl）不惜使统一后的德国背上自和平时期以来最为沉重的公共债务，使用重金收买原民主德国人民的选票，事实上，他的确成功地做到了这一点。

民主政府始终认为，民意代表的首要责任就是保护自己的选民免于受到政府的强夺与侵害。因此，政治分肥国家实际上是在一点一点挖自由社会的墙角，破坏自由社会的根基。民意代表欺诈选民，讨好特殊利益团体，收买他们的选票，这是对公民观念的否定，而且越来越多的人也开始这样认为。政治分肥国家破坏了民选政府的根基可以从以下两点看出：第一，选民的投票热情日益降低；第二，选民对政府的职能、大事、政策的兴趣日益淡漠。事实上，选民要投谁的票，越来越看重的是"你能为我带来什么好处"。

1918 年，熊彼特就曾发出警告：财政国家最终一定会腐蚀政府的执政能力。15 年后，凯恩斯却为财政国家振臂欢呼，认为它大大地解放了政府的执政能力，由于在支出上不再受到限制与束缚，财政国家的政府得以有效地治理国家。就目前来看，我们认为熊彼特是对的。

跟经济领域相比，巨型国家在社会领域取得的成绩更高，但还达不到及格线。更具体地讲，巨型国家在社会行动和社会政策上取得了一点成绩，但大多数并不符合巨型国家的原理，它们采用的是过去传统的原理和概念。在那些成功的社会政策中，政府所扮演的角色是"监管者"和"提供者"，而不是"实际运营者"。在政府扮演"实际运营者"角色的社会政策中，除了少数例外，几乎没有成功的案例。

在英国国家卫生署，政府替患者支付与医院、大夫相关的费用，这方面政府做得非常成功。但是，政府直接管理的医院或提供的医疗服务，问题层出不穷。与其他国家一样，英国医院的医疗成本一直在持续攀升。对于那些虽不致命但又严重到不得不做的矫正手术，例如髋关节置换、子宫脱垂修复、白内障切除等，患者往往需要等上好几个月甚至好几年才能排到。他们在这段等待的时间里，承受着巨大的痛苦，跟残疾人没什么两样。政府作为医院的实际运营者是如此的无能，以至于英国国家卫生署鼓励将医院承包出去。这样的话，政府还像以前一样，支付给医院一定的费用，但不再介入医院的管理。

同样具有建设性意义的是美国的"向贫穷开战"（War on Poverty）的政策，这是由林登·B.约翰逊（Lyndon B. Johnson）总统在 20 世纪 60 年代提出的。在这一政策下，只有一个项目是成功的，它就是"开端计划"（Headstart）。政府出资给地方管理的独立组织，由它们负责教育低收入家庭（主要是黑人家庭）的学龄前儿童。但是，在这一政策下，所有由政府自己经营管理的项目，全都失败了。

在最近的 10 年或 15 年中，最为成功的社会政策，就是政府（主要是地方政府）将项目承包给企业或非营利组织的那些政策。这些已经承包出去且成功运行的项目数量正在迅速增长。美国政府最早承包出去的项目是清扫街道的工作。但是直到现在，美国政府才开始考虑将另一些社会项目承包出去，比如类似"开端计划"的项目或青少年犯罪的再教育项目。将来，至少在美国，政府会逐渐放开对初等教育的直接运营，放手给民间组织去做。只要美国的父母想让孩子念书，他们就能为孩子选择学校，无论是公立学校还是私立学校，教育费用部分由州政府承担。这种做法就是美国目前正在大力推广的"学券制"（vouchers）。换句话说，40 多年前《退伍军人权利法案》在高等教育上的做法，现在正被搬到初等教育上——政府制定规则，确立标准，提供经费，但不参与实际运营。

冷战国家：成功的失败

冷战国家并不保证"和平"：在第二次世界大战结束后的冷战时期，在世界范围内，这些国家之间发生的小规模冲突数量之多，可以跟历史上的任何时期相媲美。但是，冷战国家成功避免了第三次世界大战。之所以能够做到这一点，恰恰是因为大家都不能无视军备竞赛可能导致的灾难性后果。

军备竞赛使军备控制成为可能。这就导致了以下结果：自第二次世界大战结束到现在，强国之间已有近 50 年没发生过战争了，这也是人类现代史上持续时间最长的和平时期。拿破仑战争之后，1815 年维也纳会议达成了强国之间的和平协议（这一点受到了当代"务实政治家"的极度推崇，如亨利·基辛格），使世界维持了 38 年的和平，直至 1853 年克里米亚战争的爆发。接下来的美国南北战争、普奥战争和普法战争一打就是近 20 年。从 1871 年普法战争结束到 1914 年第一次世界大战爆发，强国之间又经历了一次 43 年的和平时期（之间仅有的一次战争是 1904 年爆发的日俄战争，但当时的日本并不被认为是一个强权国家，直至 1905 年战争结束，作为战胜国的日本才开始被视作强权国家）。从第一次世界大战结束到第二次世界大战爆发，这一次强国之间维持的和平时间只有短短的 21 年。因此，自 1945 年第二次世界大战结束到现在，强国之间近 50 年的和平时期创下了维持时间最长的历史纪录。正是因为这些强国均已成为冷战国家，它们才能控制军备，才能确保它们中没有任何一个国家可以拥有绝对的军事优势去冒挑起战争的风险。

最好的例子就是古巴导弹危机。这次危机的爆发，主要是由肯尼迪总统在柏林墙事件中对苏联的示弱，以及在美国蓄意入侵古巴的猪湾事件中的错误判断和优柔寡断造成的。这就让赫鲁晓夫坚信，美国会对苏联在西半球建立一个核武基地的计划做出让步并予以接受。然而，苏联很快明白美国不会容忍这种挑衅行为，最终从古巴撤出了导弹。赫鲁晓夫对美国态度的错误判断，使他冒了向美国发动核战争的风险，他很快就被国内军方发动的政变所推翻。

第二次世界大战结束后的近 50 年时间，已经充分证明了冷战国家的基本假设。现代武器再也不能由和平时期生产民用物资的工厂生产，第二次世界大战时期将民用设施改造为战时生产设施的办法再也行不通了。生产现代武器装备（无论是航母、智能炸弹，还是制导导弹）的兵工厂，必须在战争爆发前，甚至在出现战争威胁前，就应该早早建造好。

如果上述假设还需要证明的话，1991 年制裁伊拉克的海湾战争就是证明。尽管当时的伊拉克属于地区性军事大国，但多国部队使用的武器迅速使伊拉克的武装力量陷入瘫痪状态，决定战争胜负所用的时间之短，创下了历史纪录（之前的这个纪录是由普鲁士保持的，1866 年他们在短短的 4 周内就打败了奥地利）。多国部队手中的先进武器系统，不是和平时期普通工厂通过改造就能制造出来的。要想在战场上快速有效地打击对手，最起码得提前10年（多数得15年）做好准备。

之前传统的民族国家普遍认为：平时只需保留小规模的武装力量，战争爆发之后再征召预备役官兵作为补充，同时将民用工厂改造为兵工厂生产武器装备，这样的做法应付一般的战争应该绰绰有余。然而，随着冷战国家时代的来临，这样的假设已经站不住脚了。

自第二次世界大战结束，冷战国家实施了近50年的这种做法也行不通了。在知识社会，我们比以往历史上的任何时候都需要军备控制。如果还将"和平"视作军事力量的缺失，那么我们就不会再回到和平。正如孩子一样，天真一旦丧失，就无法再次拥有。无论如何，所谓冷战国家的这些做法再也行不通了。

经济上，冷战国家已经逐步走向自我毁灭之路。我们之前提到的苏联就是如此。军事方面，苏联虽然取得了举世瞩目的成就，但同时给社会和经济带来了沉重的负担，导致整个国家无力承受。苏联解体，这是一个主要原因。

目前，美国面临的军事负担，同样沉重。大家现在普遍接受这样一个观点：之所以在经济上美国落后于日本和德国，主要原因就在于美国为其沉重的防务负担所累。只占GNP5%～6%的军费负担倒还是其次，更为严重的是，不具备任何经济生产价值的防务工作将美国最稀缺的资源（优秀的工程师和科学家）都招致麾下。在美国，用于防务工作所需的经费，占国家总体研发经费的70%，而日本的这一数字还不到5%。更糟的是，这一组对比数据掩饰了更为重要的质的差异：美国的防务部门吸引了最优秀的年轻工程师和科学家，从而导致经济部门无法得到最需要的养料——知识。近40年来，美国顶级的工程师在军事领域一直致力于研发"智能炸弹"，其日本的同行却在经济领域改进传真机或减轻汽车车门的碰撞声。民用产品和武器装备不再采用同一技术、同一流程，也不会在同一家工厂进行生产了，因此，也不会再有军转民的"附带成果"出现，即便有，也不会太多。长期以来，美国先后投入巨资，将防务研究的成果"技术转移"至民用产品生产，但效果几近于零。

更糟糕的是，冷战国家对经济发展所造成的影响。毫无疑问，如果不是拉美国家在 20 世纪六七十年代将大量的财力、人力消耗在那些毫无军事价值的国防建设上，就不会出现亚洲国家的"经济奇迹"。

任何一个国家，无论穷富，只要在和平时期将 GNP 的 2%～2.5%（这一比例相当于日本的两倍）花在军费上，就别打算在世界经济中长期保持竞争力。不仅如此，它还会面临日益加重的通胀压力，从而在国际上失去信誉，没有资格接受国际社会的贷款。

在军事上，冷战国家的做法也行不通了。事实上，它们再也无法确保各个国家的军备控制，即便是小一点的国家，也拥有了发动一场全面战争的能力，无论是核战、化学战还是生物战。随着苏联的解体及各共和国纷纷独立，国际社会表达了对其核武库控制的担忧，由此可见一斑。除此之外，一些人口不多、经济实力不强的小国，也迅速拥有了打一场核战争、化学战争和生物战争的能力。当然，正如伊拉克的萨达姆·侯赛因始终认为的那样，这些小国一时还不能与大国相提并论，也没办法打赢大国，但它们能够成为国际社会的敲诈勒索者和恐怖主义者。以这些国家为大本营，它们的当权者就能够劫持整个国际社会。

因此，军备控制再也行不通了，尽管冷战国家在第二次世界大战结束之后近半个世纪都是这样做的。除非军备控制跨越国界，成为世界性的，否则根本无法实施。这样一来，全球性的冲突将无法避免，即便是主要大国仍在努力避免它们之间的热战。

与财政国家和保姆国家不同，冷战国家到目前为止还没有到完全失败的地步。事实上，在毁灭性核武时代，如果说冷战国家的政策目标是避免第三次世界大战的话，那么它们肯定是成功的，这也是巨型国家唯一的成功之处。但是，这种成功最终变成了它们（在经济上和军事上）失败的原因。

巨型国家就这样一步一步走进了死胡同。但是，我们也不能听从新保守主义者或奥地利学派经济学家（如路德维希·冯·米塞斯和弗里德里克·哈耶克）的建议，回到民族国家的老路上来。这是因为，一些新的力量正在崛起，它们将逐步取代民族国家的地位。

跨国主义、区域主义和部落主义

　　早在第一次世界大战前，政治家与政治学家就曾警告说，民族国家正在逐渐过时，因此呼吁建立超越国家格局的组织机构。事实上，早在 19 世纪就有了一些这样的组织机构。19 世纪之前，国际协约都是两国之间的，而 19 世纪之后，出现了越来越多的多国公约。19 世纪上半叶签订的多国公约，大多是为了打击海盗、禁止奴隶贸易和保障公海航行自由。19 世纪下半叶出现的多国公约组织，例如万国邮政联盟、国际红十字会等，是历史上最早的"非国家的"，实际上是"超国家的"机构。20 世纪初，海牙国际法庭成立，对民族国家之间的纠纷具有管辖权。然而，大家普遍认为，这些"非国家的"或"超国家的"公约组织和机构，处理的仅是一些"技术性"事务，因而也不会涉及国家主权问题（然而这些说法并不属实，例如国际红十字会在战时有权视察战俘营，海牙国际法庭对民族国家之间的边界纠纷有仲裁权等）。

　　第一次世界大战后，大家对"民族国家已经过时"的论调已经普遍接受。

基于此，大家明确表态，呼吁成立第一个超国家机构——国际联盟。可是国际联盟很快就证明了它的无能。第二次世界大战结束之后成立的联合国，在最初的 40 年中，主要是超级大国相互角力的竞技场。第二次世界大战后，约翰·梅纳德·凯恩斯在生命的最后几个月中曾提出建立世界统一货币的构想，但由于美国的阻挠，这一计划化为泡影。而美国提出的将原子能跨国化的计划，也就是对核能与核武器实行跨国控制的"巴鲁克计划"（Baruch Plan），遭到了苏联的反对。第二次世界大战以来最为成功的国际公约，就是关税及贸易总协定（General Agreement on Tariffs and Trade，GATT），虽然它明确提出要在国家主权方面，即国际贸易方面实施跨国主义的做法，但在国家利益面前，它还是显得无计可施。

在过去的几十年中，面对这些新挑战，各国政府越来越不能单靠自己的行动就从容应对，甚至连多个国家共同采取的行动也不能奏效。因此，这些国家所需要的是跨国（transnational）机构，它们应该具有超越国家范围的"主权"。从外部来讲，地区主义（regionalism）正在蚕食民族国家的主权；从内部来说，部落主义[⊖]（tribalism）正逐渐动摇民族国家的根基。

金钱没有祖国

"金钱没有祖国"[⊜]（money knows no fatherland）是一句老话，但是民族国家的成立，在极大程度上，是对这句话的否定。对金钱（或者说货币）

⊖　部落主义，又译作"地方民族主义"或"狭隘民族主义"。它是一种以孤立、保守、排外为特征的民族主义。它往往表现为忽视民族团结在多民族国家中的地位，只看到本民族暂时的、局部的利益，惧怕先进事物，维护本民族中某些落后消极的东西，阻碍本民族的进步和发展。——译者注

⊜　这句话来自拿破仑的一句名言："金钱没有祖国，金融家不知何为爱国和高尚，他们唯一的目的就是获利。"——译者注

的控制，是一个国家"主权"的核心所在。但是，现在货币摆脱了国家的束缚，跨出了国界——它再也不能像以前那样被民族国家控制，即使几个民族国家联手行动，也未必能奏效。

各国的中央银行再也不能控制货币的流通，它们所能做的，只是设法利用调高利率或降低利率的手段来影响货币流通。但是，政治因素对货币流通的影响力，正越发变得和利率一样重要。国际市场（例如纽约外汇市场和伦敦银行同业拆借市场）每日交易的总量，大大超过了一个国家内部或两国之间的交易量。因此，任何国家或几个国家想要对国际市场的货币流通量进行控制和限制，都是很难做到的，就更别提进行有效的管理了。

信息也没有祖国

博丹所描述的民族国家主权范围，并不包括信息，这是因为在 16 世纪末，没有多少信息可言。到了 20 世纪，大众传媒开始出现，国家主权新的践行者，也就是那些极权主义者立刻认识到信息控制是极为重要的。不论是墨索里尼还是希特勒，所有的极权主义者都试图对信息进行全面的控制。而在民主国家，控制信息（尤其是电视信息）也逐渐成为政客与政治领域的核心手段。

今天，和货币一样，信息的传播跨出了国界。虽然政府仍然能够控制新闻节目，可是在第二次世界大战时期的德国，私下里偷听英国广播公司节目的人，就跟在晚间新闻中收听纳粹宣传部长保罗·约瑟夫·戈培尔（Paul Joseph Goebbels）演讲的人一样多。在所有的信息来源中，新闻节目所占的比例越来越小。与政府严密控制的新闻节目相比，任何一则 30 秒的广告或任何一集 18 分钟的肥皂剧所包含的信息量，只会多不会少。信息传播再也不会受到地理国界的限制。在控制信息能力方面的逐步减弱，也是导致苏联解体的重要原因。

媒体传递的信息有可能被故意扭曲，当时在全球热播的美国电视剧《豪门恩怨》（*Dallas*）就是这样。虽然这部电视剧所传播的生活画面，跟美国的现实生活相差很远，但是也无法改变这样的事实：在越来越多的国家，《豪门恩怨》的收视率直线上升，受众接受程度远非其他任何节目能比。未来几年，在家庭中可以使用小到连秘密警察都不能发现的小型卫星天线，接收来自天空任何方位的卫星发射的节目信号，这将使信息真正超越国家的控制。关心自己文化完整性的国家（例如日本和法国），都将试图保持国家对大众信息的控制。但是，大量的事实已经证明，这种尝试是徒劳的。

利用一些跨国机构来恢复对货币的控制，也许是可能的。目前，欧洲共同体（European Community）正在朝这个方向努力，打算建立欧洲中央银行，发行欧洲统一货币。这就等于说，经济与税收政策要由这些跨国机构来制定。由此，在经济领域里，民族国家就沦为了地方行政机构。至于在信息领域，就连建立（类似欧洲共同体的）这种跨国机构的可能性都不存在，就更别提建立全球性的控制机构了。现代技术的进步，也因此使个人得以逃过（信息极权统治的）一劫。苏联在解体前，曾一度拼命地禁止传真机和复印机的使用，结果导致地下出版物的盛行，学生们的手抄本得以在社会的各个角落自由流通。一旦人们家里拥有了个人电脑、传真机、电话、复印机、录像机（就更别提可以接收卫星信号的天线了），政府根本就不可能再像以前那样继续对信息进行控制。

货币超越国界，使民族国家的经济政策不再奏效，而信息超越国界，则使民族国家的"国家认同感"与"文化认同感"之间的联系严重缺失（事实上，是摧毁了）。20 世纪 20 年代电影首次出现在法国人面前时，一位评论家问道："如果大多数法国人喜爱查理·卓别林的程度，远远超过对任何一部法国作品的喜爱，那么作为一名法国人还有什么意思呢？"而如今，无论是法国人，还是英国人、德国人、俄罗斯人、日本人、中国人，都很喜欢卓别林后继者的作品、情景喜剧或文献片（docudrama），喜欢的程度或甚于本国的任何作品。与下里巴人式"大众文化"一样，阳春白雪式"高雅文化"的传播也完全超越了国界。毫无疑问，属于高雅文化范畴的建筑所传递的信息，不亚于任何电视剧或新闻简报。日本东京高耸入云的写字楼所传递的信息，就和美国达拉斯、德国杜塞尔多夫的写字楼的没什么两样。

国际社会的共同需要：环保

国际社会越来越需要一些真正的跨国机构，也就是说越来越需要那些在自身领域可以超越民族国家利益的国际机构。这些跨国机构能够，事实上也必须在诸多领域自主决策、自主行动，打破国家主权的藩篱，直接管辖原本属于民族国家管辖范围之内的公民与组织。这些跨国机构的决策将民族国家搁置一旁，或者将民族国家变成它们的代理机构。

这些跨国机构首要的议题就是环保。当然，地方政府采取的行动对防止破坏性的污染是十分必要的。但是，无论是当地造纸厂排放的污水、城市下水管网排放至海洋的污物，还是当地农业过量使用的农药与化肥，这些地方性的污染都不足以构成对环境最大的威胁。环保最大的威胁，是对全人类共同依赖的居住地、大气层、（被称为地球之肺的）热带雨林、海洋、淡水资源以及空气的污染和破坏。随着世界人口的快速增长，必须在环保方面与地球资源的开发利用方面取得平衡，这是我们面临的紧迫任务。

我们在环保领域所面临的挑战，并非一个国家就能够应付。与金钱和信息一样，环境污染问题也是没有国界的。

斯堪的纳维亚半岛的森林资源（可能是欧洲最大的自然资源），正在遭到来自英格兰中部地区、苏格兰、比利时和德国东部地区污染的破坏。同样，来自美国中西部的污染，正在使加拿大的森林资源（可能是北美最大的自然资源）遭到酸雨的破坏。但是，要保护好亚马孙热带雨林的原貌，实际上就必须在短期内严格限制巴西对热带雨林资源的开发利用，而巴西的人口不断增长，他们为了养活自己不得不开发亚马孙热带雨林，这就给世界出了两道难题：究竟应该由谁来为此付出代价？又该如何做到这一点？

消灭恐怖主义

　　除了环保，第二个亟需跨国行动和跨国机构的议题是防止私人武装的死灰复燃，也就是消灭恐怖主义。1991 年多国部队制裁伊拉克所采取的军事行动，吹响了消灭恐怖主义的号角。实际上，当时伊拉克的入侵行为，仅仅威胁到了极少数国家，并没有威胁到美国，也没有威胁到其他任何发达国家。多国部队为了制裁伊拉克入侵科威特所采取的军事行动，实际上是有史以来第一次多个国家共同打击恐怖主义的跨国行动。

　　今天，私人武装卷土重来，而距离历史上最近的私人武装时代，只有约 400 年的光景。日本在 17 世纪（大约在 1600 年）决定，只允许国家（而非个人）拥有武装部队，欧洲在 50 年之后做出了同样的决定。然而，随着核武器、化学武器和生物武器的出现，私人武装有了死灰复燃的可能。由于人数不多的恐怖集团就可以有效地要挟大国，恐怖主义的威胁就更大了。一枚核弹可以被轻松地放入一个柜子或任何大城市的一个邮箱中，通过遥控就可以引爆它。细菌炸弹也是如此：一枚装有足够炭疽杆菌的炸弹足以使成千上万的人丧命，并且能污染大城市的水源，从而使人们无法在城中居住。

　　20 年前，许多国家认为，恐怖主义可以被用作实施国家政策的工具。就拿民主德国来讲，极少有人怀疑联邦德国境内的恐怖主义团伙就是在民主德国招募并由它提供资金和进行训练的。同样，极少有人怀疑伊朗、伊拉克、叙利亚和利比亚等国家在其境内招募、资助和培训恐怖主义团伙，用于向西方国家（尤其是向美国）发起恐怖行动。

到现在，虽然不是所有国家，但大多数国家已经认识到，以上国家的这些恐怖主义活动对它们自己会适得其反。但是，世界各国对恐怖主义不支持的态度是远远不够的，必须控制住恐怖主义的威胁，这就要求国际社会的所有国家必须采取超越国家主权的联合行动。在这方面，我们是有先例可循的，比如 19 世纪签订的各国共同打击奴隶贸易与公海海盗跨国犯罪的条约。

军备控制

第三个亟需跨国行动和跨国机构的议题是军备控制，这与打击恐怖主义有着极为密切的联系。关于这一点，我们已经在之前的章节中讨论了。

最后，我们想问的问题是：今后是否需要成立一个跨国机构来监督和保障各个国家的人权？应不应该有这样的机构出现？如果出现的话，这样的跨国机构是否有能力阻止希特勒的大屠杀，是否有能力阻止南斯拉夫塞尔维亚族人对克罗地亚的"种族清洗"，又是否有能力阻止索马里惨剧的发生？ 20 世纪 70 年代，时任美国总统的吉米·卡特就明确支持成立这样的机构。实际上，之所以卡特明确表态，可能是因为如果不采取跨国行动终结种、宗教、政治和民族迫害，数以百万计的难民将涌入发达国家，从而给它们带来巨大的威胁。

事实上，我们中的大多数人（尤其是政治家）还没有意识到，我们朝着跨国主义方向迈出的步伐比他们所理解的更大。在环保方面，我们所采取的跨国行动几乎能够阻止或者说至少能够减缓臭氧层的破坏和导致全球变暖的"温室效应"。除此之外，我们采取了保护海洋及其资源的跨国行动，并已经签署了保护南极大陆的多边公约。

在打击恐怖主义和军备控制方面，海湾战争，尤其是摧毁伊拉克大规模杀伤性武器（核武器、化学武器与生物武器）的工作交由联合国机构，而不是以美军为首的多国部队来执行，可能是迈向跨国主义的转折点。还有两个更早的例子，同样可以看作迈向跨国主义的重要步伐。第一个就是美国政府倡议成立国际刑事法庭，该法庭对于发生在世界各地的恐怖主义行为均拥有直接管辖权，美国的这种倡议是史无前例的，事实上也是违背宪法精神的。第二个例子是苏联解体后，新成立的俄罗斯联邦政府重提 1947 年的巴鲁克计划，呼吁将世界所有的核武器的控制权交由一个跨国机构来行使。一旦俄罗斯的呼吁成为现实，必然导致世界上所有核武器的销毁，而一旦任何国家企图建设核武设施，必然遭到国际社会的强烈反对。

成立跨国机构的构想十分必要，但现在就开始谈这些机构的设计问题以及日后的发展问题，都还显得为时过早。也许要等到大灾难发生之后，各国政府才会愿意接受跨国机构的领导和决议。至于这些跨国机构要如何发展，在哪些领域可以有所作为，章程如何制定，权力是什么，和各国政府的关系如何处理，还有运营资金的来源（比如说，它们是否具有自主的经费筹集权）等问题，恐怕都有待我们去解决。到目前为止，我们还完全没有做好解决以上问题的准备，这一点从 1991 年海湾战争上演的一出荒唐剧就可以看出——当时派兵参加军事联合行动的各国政府，为了各自应该承担多少比例的战争费用问题，争得面红耳赤。但可以预见的是，在未来几十年中，跨国机构的设计和构建问题仍然是国际政治领域的核心议题。这就意味着，国家的"主权限制"问题将成为国际关系和内政外交的核心议题。

新现实：区域主义

国际主义不再是"乌托邦"，它已初露峥嵘，而区域主义已经成为现实。区域主义并不意味着成立一个超国家，再由这个超国家的政府取代区域内各个国家的政府，而是成立一个区域性机构，在一些重要的领域，其与该区域内各个国家政府进行分工合作。

向区域主义发展的趋势是从欧洲共同体的成立开始的，但今后不会局限于这种形式。欧洲共同体的最初形式是欧洲经济共同体，又称共同市场。顾名思义，它是一个纯粹的经济性组织。目前欧洲经济共同体承担了越来越多的政治职能，如呼吁成立欧洲中央银行，发行欧洲统一货币。欧洲经济共同体也接管了对欧洲各行各业、不同领域的管辖权，其中包括企业的并购、卡特尔（cartel）的成立、社会立法以及商品、服务、人员的自由流动等所有可能被看作"非关税壁垒"的大小事宜。现在，欧洲经济共同体正朝着建立欧洲统一军队的方向迈进。

欧洲共同体的成立，在当时激发了成立北美经济共同体的设想。这是一个以美国为主体，将加拿大和墨西哥包括在内的共同市场。到目前为止，它的设想目标仍然是纯经济性的，但从长远来看，就很难局限于此了。

这一点之所以如此重要，是因为最早成立北美经济共同体的想法不是来自美国，而是来自墨西哥。然而，150多年来，也就是从贝尼托·胡亚雷斯（Benito Juárez）总统统一墨西哥之后，这个国家的政策目标就始终是与北方邻国尽可能地保持距离。世界上还没有任何两个邻国，像墨西哥和美国那样，在语言、宗教，尤其是文化、价值观与传统习俗方面，有如此大的差异。可是，墨西哥最终还是必须承认，150多年来它所奉行的孤立主义政策已经失败。为了作为一个国家和一种文明继续生存下去，它就必须与北方邻国联合，最起码在经济上必须如此。

墨西哥政府倡议签订与其他两个北美国家（美国与加拿大）之间的关税同盟条约，或许目前还不能被美、加两国普遍接受，但三国之间的经济一体化进程发展之快，远非这些磕磕绊绊能够阻止的。

在东亚地区，经济一体化的发展趋势也是如此。唯一的问题在于，到底会出现几个这样的经济区域？或许只有一个，也就是以日本为中心的包括中国东部沿海地区和东南亚国家在内的经济区域。或许也可能出现两个，中国（尤其是经济发展速度极快的东部沿海地区，这一区域的人口占中国人口总数的 2/5，GNP 占全国总量的 2/3）本身会成为一个经济区域，另一个则是以日本为中心的包括东南亚国家在内的经济区域。

东亚地区究竟会如何选择道路，必将成为 21 世纪的关键问题之一。

经济一体化的另一个发展趋势是"小型区域"（mini-regions）。同样，立陶宛、拉脱维亚与爱沙尼亚，这三个刚脱离苏联的波罗的海国家，着手共同成立"波罗的海区域"，这一地区还打算纳入斯堪的纳维亚邻国，其中最主要的是芬兰和瑞典。在亚洲，马来西亚总理提出倡议，要与新加坡、印度尼西亚、菲律宾和泰国等东南亚国家一道，共同成立类似的小型区域。俄罗斯总理目前也表示，希望成立一个由原苏联成员国家所组成的经济区域，借以推动该区域的经济发展。

与区域主义的总体发展趋势相比，这种小型区域的数量（无论是三四个，还是更多）并不是特别重要。这种区域主义的发展趋势是不可逆转的，也是无法避免的，这是因为它是对我们目前经济的新现实所做出的回应。在知识经济中，单靠传统的保护主义或自由贸易都行不通，必须建立统一的经济区域才行。这一区域要足够大，这样才能在区域内实现真正的自由贸易，促进区域内的国家之间充分竞争，同时，受到高度保护的"高科技"产业才能快速发展。这正是高科技产业（也就是知识产业）发展的关键所在。

高科技产业并不遵循古典、新古典和凯恩斯经济学所说的供求关系原则。这些经济学理论都认为，生产成本与产量成正比。但在高科技产业中，随着产量的上升，生产成本反而快速下降，这就是现在通常所说的"学习曲线"（learning curve）所要表达的意思（进一步的论述请参阅第 10 章）。

学习曲线的意义在于，唯有扩大生产（做大），高科技产业才能做强，才能击垮任何竞争对手，这就是我过去提出的"敌对贸易"（adversarial trade）的基本理念。一旦这样的情况发生，被打败的产业就几乎没有任何机会卷土重来。然而，高科技产业必须同时拥有足够的竞争力和挑战性，否则将无法成长和发展，它还会因垄断而"懒惰"，从而被迅速淘汰。因此，知识经济需要一个相当大的经济区域作为保障，这个区域甚至要比一个大国还大得多，否则的话，这儿就不会有竞争。知识经济也要求经济区域具有保护产业的能力——与其他经济区域的贸易，要建立在平等互惠的基础之上，而不是单纯地对自己的产业进行保护，也不是一概地放任自由贸易。这是一种前所未有的形势，在这种形势之下，区域主义的发展洪流滚滚而来，势不可挡。

区域主义并不仅仅意味着成立类似欧洲共同体这样"国家间的"机构，它必须建立"跨国的"，甚至是"超国家的"机构。

无论是已经出现的，还是将要出现的经济区域都有很多不同。欧洲共同体就是围绕少数几个核心国家建立的，它们分别是英国、德国、法国和西班牙。这几个国家的面积和人口差不多，虽然在富裕程度和经济发展速度上，相互之间还有着不小的差距，但总体来说它们都属于发达国家。比如，西班牙最先进的企业实际上比德国的一般企业更先进。

跟欧洲共同体相比，北美经济共同体有着很大的不同。从人口上看，数量最多的美国有 2.5 亿人，数量最少的加拿大只有这一数字的 1/10。从经济发展的程度上看，美、加、墨三国也有着不小的差距。总体上，美国是世界上最发达的国家，而墨西哥（尤其是南部）则是世界上最贫穷、最落后的地区之一。

亚洲各经济区域之间差异更大，甚至没有共同的文化渊源。印度尼西亚和马来西亚就从来不是儒家文化影响范围的一部分。

作为对外部世界的回应，亚洲的国家还要在不久的将来成立更大的自由贸易区，在平等互惠的基础上开展贸易，这种国家间的互惠合作同时兼具开放与保护的色彩。

以上所提的这些经济区域一定不会取代民族国家，但会分享它们的一些职能。

重返部落主义

国际主义与区域主义从外部挑战民族国家的主权，而部落主义从内部削弱民族国家的基础与整合力。事实上，部落主义已经发出威胁，要用部落来取代国家。

在美国，部落主义的表现在于，它越来越强调民族的多样性，而不是统一性。美国一直是一个移民国家。历史上任何一个移民群体刚到美国之时，都会被看作"外来户"而饱受歧视，一直要到两代人之后才能逐渐成为"主流"，这一模式是从 19 世纪三四十年代移民至美国的爱尔兰人开始的。美国一直被认为是一个民族"大熔炉"，但在最近 30 年中，这一称谓变得非常不合时宜，这是因为美国现在所宣扬和实践的是民族"多样性"。目前，任何打算使新移民成为"美国人"的企图都被认为是一种"歧视"，而仅仅在 60 年前，情况恰恰相反，任何打算阻止新移民成为"美国人"的企图被认为是歧视。无论这些新移民群体是来自欧洲还是亚洲，无论他们是黑人、棕种人还是白人，无论他们是天主教徒还是佛教徒，现在所强调的是维持他们自身的民族认同感，不鼓励，更不会强迫他们成为"美国人"。

这绝不是美国特有的社会现象，甚至也无法单从美国的角度来加以解释（尽管很明显，美国社会的基本问题，即白人与黑人之间的种族关系问题是部落主义盛行的原因）。部落主义在欧洲甚至更为盛行：南斯拉夫为此爆发的血腥内战，将国家撕得四分五裂；整个苏联都笼罩在部落主义之中，随时都有爆发内战的可能；苏格兰人想从英国脱离出去；斯洛伐克人要求自治，时机成熟也要与捷克人分家；比利时讲荷兰语的弗拉芒人（Flemish）和说法语的瓦隆人（Walloon）闹得不可开交，非得分家不可。甚至一些人数极少的地方民族团体，即使从未遭受过歧视待遇，也纷纷要求"文化自治"。今天生活在柏林南部森林中的 15 万索布人（Sorb）就是这样，他们是 1000 多年前就曾居住在今日德国北部地区的古斯拉夫部落的后裔。

部落主义的影响已波及全世界。加拿大这个国家在进入 21 世纪前还会存在吗？它是否会一分为二，一边说英语，另一边讲法语？或者更进一步一分为四，讲法语的魁北克省（Quebec）、讲英语的安大略和马尼托巴省（Ontario and Manitoba）、草原诸省（Prairie Provinces）、不列颠哥伦比亚省（British Columbia）？（如果这么划分，滨海诸省（Maritimes）与纽芬兰省（Newfoundland）又该何去何从？）印度在政治上能否保持统一？科西嘉（Corsica）与布列塔尼（Brittany）能否继续留在法国？居住在芬兰北部和瑞典北部的拉普人（Lapp）能否自治？墨西哥能否继续保持统一，或者说属于印第安文化的南方是否会与属于西班牙文化的北方相分离？还有很多这样的例子，多得数不清。

部落主义这样的发展趋势背后有一个原因，这就是今后"大"不见得就是"好"。在核战争时代，最大的国家未必就能保证其人民的安全，这是因为即使最小的国家也有能力制造毁灭性武器，以色列就是一个很好的例子。

随着货币与信息的跨国化发展，在经济上，再小的国家也可以大有作为。无论大小，每个国家都有同等的机会和方式获取货币与信息。实际上，最近30年来，那些"成功故事"的主人公，都是一些很小的国家。

20世纪20年代，奥地利共和国刚从奥匈帝国获得独立，大家普遍认为这个人口不到600万的小国，在经济上肯定不会有大的发展。事实上，当时奥地利国内有人支持希特勒吞并该国的企图，也正是出于这个原因。20世纪二三十年代的奥地利，在经济上面临极其困难的窘境，失业率居高不下，长期保持在20%左右。第二次世界大战结束之后，奥地利的国土面积并没有任何增加。从奥匈帝国分裂出去的其他国家都走上了共产主义道路，奥地利因此结束了与它们在20世纪20年代还进行的贸易往来。尽管如此，第二次世界大战之后的奥地利还是发展成为欧洲最繁荣的国家之一。

同是小国的芬兰、瑞典和瑞士也是如此，新加坡在这方面做得就更好了。20年前，即使是波罗的海三国中最狂热的民族主义者都不相信，他们的国家在脱离苏联之后，还能够实现经济自足，然而现在再也没有人怀疑这一点了。加拿大的魁北克省，也是如此。

现在，即便是再小的国家，也能够与其他国家一道成为某个经济区域的成员国，这样一来，它不仅能够保持自己在文化和政治上的独立，还能融入区域经济一体化的进程之中，可谓一举两得。弹丸之地的卢森堡，在推动欧洲一体化进程中表现得极为抢眼，这绝不是巧合。

寻根之需

部落主义之所以在世界各地盛行，并不是因为政治或经济上的原因，而是出于民族认同、民族存在的需要。在一个跨国家的世界中，人们还需要有个根，还需要有个自己的民族社区。

　　在西班牙，所有受过教育的人都会说卡斯蒂利亚语（Castilian），也就是我们一般所说的西班牙语。但是，西班牙人在学校、家中甚至是办公室，讲得越来越多的是加泰罗尼亚语（Catalan）、巴斯克语（Basque）、加利西亚语（Galician）、安达卢西亚语（Andalusian）等地方民族语言。这种变化可能反映出人们更愿意强调自己的籍贯，但并不代表人们对自己是西班牙人的认同发生了根本的改变。无论是加泰罗尼亚人、巴斯克人，还是加利西亚人、安达卢西亚人，都在电视上看同一部肥皂剧，也都在商场购买可能是日本制造、美国制造或本国制造的产品——只要东西好，哪儿造的没关系。他们中越来越多的人在总部位于东京、首尔、纽约或杜塞尔多夫的跨国企业中工作，在一个跨国的世界中生活。即便如此，他们内心还是有着强烈的寻根欲望，希望生活在一个自己的民族社区中。

　　部落主义与跨国主义并不矛盾，但前者是后者的产物。在美国，有越来越多的犹太人与非犹太人通婚，这正是他们后来强调犹太教文化根基的原因。第二次世界大战之后的 40 年中，有越来越多的塞尔维亚族男子娶克罗地亚族女子为妻，反过来，也有越来越多的塞尔维亚族女子嫁给波斯尼亚的克罗地亚族，这就导致其他没有异族通婚的人更加注重自己的族群认同。同样，威尔士人、爱尔兰人与英格兰人通婚的越来越多，这就导致了他们族群意识的高涨。之所以部落主义的势头日益高涨，就是因为人们日益意识到蝴蝶效应的存在，比如，大阪所发生的事儿会影响到斯洛文尼亚人，尽管他们并不知道大阪在哪儿，也未必能从世界地图上找到。正是因为世界在许多方面更加跨国化了，所以人们才需要以自己能够理解的方式界定自己。他们需要建立一个地理的、语言的、宗教的或者是文化的社区，使自己能够意识到自己的存在，或者使其他人能够意识到自己的存在，用句老话讲，就是"张开双臂，拥抱自己的民族文化"（get their arms around）。

　　生活在柏林南部森林中的索布人虽然不会从德国或德国文化中割裂出

去，但他们视自己的文化与众不同，也要求其他人对他们另眼相看，允许他们继续保留自己的民族传统。那些刚刚到达洛杉矶的拉美移民，无论来自墨西哥还是中美洲，他们都想尽快成为美国公民，期望得到和土生土长的美国人一样的机会，使下一代能够在教育、择业和发展上享受平等待遇。不过，他们同样期望能够保留自己西班牙裔的血脉传承、文化认同，并建立自己的文化社区。总之，世界越是朝着跨国化发展，部落主义的意识也就越强。

部落主义的发展就这样日益侵蚀了民族国家的根基。事实上，世界上将不再有"民族国家"的称谓，有的只是"国中之国"，民族国家也只能以一种行政机构的形式存在，而不是政治机构。

国际主义、区域主义与部落主义正在迅速地创造出一种全新的政体，也就是一种全新的、复杂的政治结构，这是史无前例的。借用一个数学上的说法，知识政体就好比三个不同的矢量，分别向不同方向延伸。

同时，正如英国人的一句老话所讲的，"尽管做得不怎么样，但还是应该让政府的工作继续下去"。到目前为止，处理各种问题的唯一机构仍然是国家及其政府。知识政体的首要政治任务就是恢复政府的工作能力，而巨型国家什么都想管又什么都管不好的做法，正是其失败的原因。

政府需要转向

今后几十年，对政治勇气、政治想象力、政治创新和政治领导力的要求之高，一定是前所未有的，而这需要政府有超强的能力。这些要求既有外在的，也有内在的。

从外在的方面来说，需要政府在以下几个领域中具有全新的思维能力和全面的创新精神：政府与跨国任务之间的关系、政府与地区组织之间的关系、政府与相互之间差别巨大的新兴地区之间的关系。今后几十年，我们应该能够看到超越民族国家的政治机构与法律的出现，这也是它们在人类历史上的首次出现。这些政治机构的设计者和建造者，以及这些法律的起草者，一定会是政府与在政府任职的政治家。

从内在的方面来讲，同样亟须政府能够重新有所作为——尽管目前的社会已经转变为多元化的组织社会，尽管政府在特殊利益集团和"少数暴政群体"（tyranny of the small minority）的压力下决策能力几近丧失。

18 世纪的政治思想家（如美国宪法的起草人）最担心的是"政治派别"（factions），也就是特殊利益集团，唯恐它们将自身的利益凌驾于一切利益之上，从而使自身的利益成为一种"道德的需要"（moral imperative）。对这种担心的最好回应就是成立"政党"。1815～1835 年这 20 年中，英国、美国和法国不约而同地成立了自己的政党，也正是在这段时间，一个现代世界开始展现在世人面前。

政党超越了政治派别。在欧洲，当时的政党是以一种模糊的意识形态，也就是以"党纲"为基础组织起来的。而在美国，政党是以同样宽泛、模糊的意识形态，也就是"利益"为基础组织起来的。但是，无论这些政党的成立出于什么理由，它们其实都有一个共同的目的，就是获得政权，掌握政权。总之，政党的组建就是为了"执政"。

因此，为了达到这个目的，政党必须争取摇摆选民的支持，必须避免走极端，还要摆出愿意妥协的姿态。除此之外，在执政时期，它要限制自己的行动，采取即使党外人士也会双手赞成的措施，也就是说，它的施政措施必须被那些之前未投票给它的"中间选民"所接受。最能明确表达这一原则的就是美国宪法中关于总统否决权的条款：国会两院必须有超过 2/3 的票数才能推翻总统的否决。也就是说，除非国会中有绝大多数的两党议员一致同意通过某项议案，否则就不能推翻总统的否决。这就迫使国会与总统之间必须相互妥协。

但是，现在的政党到处都是一盘散沙。欧洲政党之所以在过去能够凝聚不同派别并得以执政，是因为它们当时所采用的意识形态具有强大的整合力，而这种整合力现在大幅下降。现在的选民，尤其是年轻的选民，对政党的施政纲领以及竞选口号一概漠不关心。美国传统的利益团体，也就是农民团体、工人团体和小企业团体现在都消失得差不多了，1896 年马克·汉纳（Mark Hanna）帮助共和党的麦金莱赢得大选靠的就是它们，这些团体后来又被民主党阵营收编，富兰克林·D.罗斯福赢得 1932 年总统选举并借以开创民主党长期执政的局面，靠的也是它们。但问题是，这些团体现在又身处何方呢？

正是政党的不济，导致政府无力抵挡特殊利益团体的攻击。实际上，政党无力执政，也就是严重缺乏制定政策并予以实施的能力。

近些年来，民间一些"反政府"的做法开始盛行，但这也是行不通的。我们仍需要一个强有力、有作为的政府。事实上，在未来的几十年中，我们期待"大"政府的出现，期待它能够在保护环境、铲除私人武装、消灭国际恐怖主义、有效控制军备等方面大有作为。但是，这里所说的"政府"会和以前的政府在形式上有着很大的不同。

在最近的 15～20 年中，一个又一个候选人在执政之前，纷纷发誓要"削减政府支出"或"缩减政府规模"，还要"打击自身腐败"。美国第一个喊出这种竞选口号的是吉米·卡特，随后是罗纳德·里根，再后面是曾经反对前任政府做法的乔治·布什。英国的玛格丽特·撒切尔也借着反对前任政府做法的口号，顺利当选英国首相，并以此理念执政长达十年之久。

尽管各个候选人上台前都信誓旦旦，但上台后他们并没有取得什么成效。那些上台前曾反对前任政府做法的当选领导人，在他们自己的任期内，政府开支与政府管制比以往的任何政府都有大幅的增长和增强。在他们的领导下，政府开支严重失控，更糟糕的是，政府的开支越多，它们的执政能力反而越弱。政府没能"长高变强"，反倒被自己日益臃肿的身躯拖垮。

在美国历史上，还没有哪一任政府的财政赤字之高，能超过布什政府。按照常理，布什政府不大可能遇到任何形式的经济衰退。然而，在布什执政的头三年，政府支出与财政赤字大幅增加，从而造成了美国自第二次世界大战以来最严重、持续时间最长的经济衰退。同样，英国首相撒切尔夫人（她可以被认为是自戴高乐将军以来，所谓"自由世界"中最有能力、最坚定的政治领袖）努力削减政府支出、缩减政府规模、提升政府执政能力，从而试图扭转英国的经济颓势，但除了持续攀升的财政赤字之外，她还为英国带来了什么？

法国的情况也是如此。密特朗总统大幅增加政府支出，却无功而返。在他的任期内，法国日渐失去了作为经济大国与工业强国的地位。日本方面，政府的执政能力正在被接二连三的政治丑闻所侵蚀，而这恰恰是"政治分肥国家"所造成的直接后果。

尽管如此，只有政府及其政治领导人才有资格去做那些应该做的工作，也只有他们才具有合法性。

因此，政府必须重新具备一些最起码的行为能力，它也必须"转向"。虽然"转向"一词本身是一个商业术语，但无论是企业、工会、大学、医院、政府，还是其他的机构都需要"转向"。为了朝好的方面"转向"，就必须遵循以下三个步骤。

（1）放弃那些行不通的事，放弃那些从未行得通的事，放弃那些已经失去效用、再也无法做出贡献的事。

（2）专注于那些行得通的事，专注于那些可以产生效果的事，专注于那些可以提升组织执行能力的事。

（3）分析那些成败参半的事。要成功转向，就要放弃所有行不通的事，多做行得通的事，并做得更好。

军事援助无益论

如果将巨型国家的各项政策按照徒劳无用的顺序进行排序，军事援助的政策肯定会排在首位，是最不起作用的一项，因此也应该最先被放弃。军事援助最早可以追溯到古希腊时代。罗马史学家早就指出，波斯国王在斯巴达与雅典的战争中曾给予前者大量的军事援助，很有可能这就为几十年后马其顿统一希腊诸城邦打下了基础，随后亚历山大大帝反而凭借当初波斯国王曾援助的武器，率领大军一举征服了波斯帝国。

可以肯定的是，军事援助再也没有比第二次世界大战结束之后，也就是巨型国家时代使用得更滥也更为失败的了。无一例外，这些军事援助都导致了事与愿违的后果。像这种搬起石头砸自己脚的例子很多：美国出兵援助巴列维国王统治下的伊朗、苏联出兵援助阿富汗、美国出兵援助伊拉克均是如此。对拉丁美洲国家的军事援助也没有取得任何效果，只不过是使军方的将军们变得更富，而他们的国家变得更穷。

支持那些正遭强敌入侵的国家是一回事，而出兵援助一个关系"友好"型的政权是另外一回事。这些接受军事援助的政权往往是在敲诈勒索，你越是答应，它的胃口就越大。面对"如果你不提供给我们这些飞机、坦克和导弹，我们就去你的对手那里要"这样的威胁，你该如何作答？正确的回答应该是："随你的便！"军事援助往往会以维护一个地区的"军力平衡"为目的，但这完全是一种欺骗。40 年来，还从未出现过军事援助能够稳定地区局势的例子，它能做的无非是加剧国家间的军备竞赛罢了。

军事援助的想法本身就十分糟糕，通过军事援助也不可能与"盟友"建立可靠的关系。军事受援国十有八九会倒戈相向，例如伊朗、伊拉克之于美国，阿富汗之于苏联，均是如此。之所以会出现这种情况，有一个原因是：受援国得到的援助越多，对援助国的依赖程度就越大，这使它们感到很不快。另一个更重要的原因是：援助国越发地对受援国指手画脚，甚至涉嫌干涉内政。即便是军事援助并没有被用于受援政府的继续执政，但受援国领导人还是日益被视为援助国的傀儡，例如第二次世界大战时期的希腊傀儡政府首脑特索拉科格罗将军、伊朗的巴列维国王，均是如此。当这些军事受援国的傀儡政权被推翻时（即便是通过和平手段），后继政权几乎无一例外地将枪口对准前政权的盟友，也就是军事援助国。

军事援助的政策使援助国与受援国两败俱伤。军事援助使受援国将其目光、资源、力量全都错误地投放到军事项目上，从而忽略了社会、经济等其他方面的建设和发展。除此之外，军事援助一次又一次地造就了军事独裁者。

如果放弃军事援助政策，可能唯一会哭的人就是军火商。

哪些经济理论需要放弃

近些年来，经济援助已经成为人们街谈巷议的话题，也引发了激烈的争论——经济援助究竟对受援国是好还是坏？许多人指责说，一些国家提供的食品援助（比如美国曾提供过数量巨大的食品援助）会导致受援国（尤其是非洲国家）政府忽视本国的农业生产，从而造成农民的贫困。总之，20世纪50年代出现的国家对国家的经济援助，至多也不过是取得了一点点小的成绩。至于准政府机构（例如世界银行）所提供的无偿援助和无息（或低息）贷款，究竟能够在受援国起到多大作用还不好讲，但真正能够促进当地经济极大发展的经济援助确实不多。经济援助的想法可能是好的，但很明显，到目前为止我们还没有找到正确的实施办法。

如果说我们已经得到了一些经验教训的话，那么政府无法左右经济"天气"就是其中之一。也就是说，政府无法有效防止或克服短期的经济波动，例如经济衰退。1929年之前，没有人指望政府能够有能力控制经济"天气"。从那时起，任何一个国家的政府都信誓旦旦地承诺，自己能够为经济衰退开出一剂良方。但这纯粹是江湖骗术，至今也没有哪个政府能够兑现自己曾许下的诺言。政治领导人必须学会对自己的选民说："没有人知道如何控制经济的短期波动，就像医生也不知道如何对付普通的感冒一样。对于经济的短期波动问题，我们最好还是不要去管它了。"

由此可见，政府亟须重新获得防止出现经济大萧条的能力。以往出现经济大萧条时，政府都会增加支出用以拉动消费，但这种办法已经被证明无济于事。政府每次这样做，民众都反其道而行之——他们并没有把增加的购买力按政府的打算消费掉，而是存到了银行。从罗斯福开始到卡特结束，每每遇到经济衰退，美国政府都会使出这一招，也就是增加政府支出并借此拉动消费，但每次都收不到预期的效果。罗斯福首次尝试就吞下的苦果是：1936～1937 年美国经济的严重崩溃。

为了对付经济萧条，也就是长期性的经济结构变化，我们唯一能够开出的良方就是对国家基础设施进行投资。拉动经济使其保持长期高速增长之后，这些基础设施（公路、桥梁、港口、公共建筑、公有土地等）又要进行必要的保养和维修，这样就可以避免经济的周期性波动。不过，政府要想在特殊时期能够拿出这笔钱，就必须在经济繁荣时期实现预算平衡，在经济衰退时期也是如此。必要时，政府还必须具备一定的融资能力，尤其是通过借贷来获取急需资金的能力。换句话说，政府必须不断学习，学会使用政府赤字这一最后手段。平时，政府要慎用这一招，如果必须用的话，也只能用于对经济领域的财富创造能力的长期改善。

在经济领域，我们需要放弃那些巨型国家（尤其是英语国家）常用的"财政国家"理论。我们必须将税收从社会政策回归到经济政策上来。的确，考虑到社会的公平与正义，国家的赋税不要征得太过分，需要下调，而下调的部分可以用其他方式弥补。的确，国家赋税的这部分调整空间可以用于严厉惩罚不良的社会现象，如非法雇用童工，或最近 20～25 年美国企业高管中普遍享有的超高薪水和待遇等。但是，国家税收政策的调整，必须是有限制的，问题的核心在于，它必须是一种社会中立政策。

在政治上，这种税收政策的调整是否具有可行性？答案是肯定的，只不过不大容易做到罢了。

放弃现存的任何事物，往往都会遭到激烈的抵抗。任何组织成员，包括那些官僚政客都十分怀旧，喜欢抱着"旧时的臭脚"不放。这一点与我在之前的一本书中所讲的"管理者自以为是之投资"（investments in managerial ego）非常相像。⊖ 这些企业的所谓"管理者"将大量的投资任凭自己的喜好投到那些明日黄花的产品上，浪费了大量的人力物力。但是，这些领域或企业是从业人员最多也最能吸引人才的领域或企业。这些组织（特别是处于困境中的组织）的"管理者"常常把能力最强的人才派到因错误投资而出现问题的部门，去给他们的错误决策"擦屁股"，而不是派到能够产生成果的部门（例如新产品的研发部门）。

所以说，放弃任何现存的事物都是很困难的，但我们需要的是在很短的时间内痛下决心。或许在经历过这种阵痛 6 个月后的某一天，我们还在纳闷："为什么那件事纠缠了我们这么久？"

"财政国家能够有效地重新分配收入，并能够通过税收手段和补贴手段达到改造社会的目的"，这种想法现在已经被证明是错误的。实际上，收入分配最不公平的国家恰恰是最想进行收入重新分配的国家，苏联、美国和英国均是如此。它们所取得的成绩，无非是使自己成为"政治分肥国家"，这也是政体遭受的最严重的退化性疾病。到目前为止，我们还不知道如何摆脱政治分肥国家对国家财富的非法掠夺。或许需要对宪法做出某种形式的创新，创建一个独立于立法、行政的新机构，专门负责审计政府预算，看看政府支出的每一笔款项是否真的用于公共利益、符合公共政策（这种公共领域的审计肯定会和第 3 章的"公司治理"一节中所讲的"企业审计"类似）。至于这种想法有无可行性，我们只能说确实稍显幼稚，但绝非"乌托邦"式

⊖　请详见《为成果而管理》（*Managing for Results*，1964 年）一书。

的永远无法实现。我们甚至可以想象，立法机构肯定会反对任何约束它们自己行为的企图。

不过，在世界上的任何国家，一定会有多数立法机构人员赞成这种来自外部的审计监督，因而可以约束他们的行为。但他们不大可能实现来自立法机构内部的审计监督，这是因为他们相信，立法机构自己如果这么做的话，就一定会受到特殊利益集团的惩罚。但是，他们同样知道，政治分肥的做法不仅有损自己的尊严，还会破坏自己在选民中的形象，拉大与选民的距离。可以预见的是，在未来几年中，所有国家政府的钱袋子会越来越瘪，这就有可能使政治分肥支出逐步得到有效的控制。总之，我们现在亟须加强对政府机关的审计监督，没有人会对这一点再表示怀疑。

政府在实施转向战略过程中，首先要做的就是放弃。所谓"旧的不去，新的不来"，说的就是这个意思。但目前的情况是，社会所有的资源仍旧分配给了那些因管理者的错误投资而出现问题的部门。正是因为如此，大家对"应该放弃什么"这个问题争得面红耳赤，远远不能就这一问题达成一致的看法。有的人认为，政府必须转向，只不过需要"再给一次机会"罢了；有的人支持政府转向但又不愿放弃，正在寻找"妥协方案"，但这只不过是徒劳罢了；还有的人盲目乐观，给政府出了一招"断臂求生"，还许诺不会有任何疼痛。说了半天，还是那句话："旧的不去，新的不来！"

专注于可行的

旧的不去，新的不来！但我们在决定放弃之前，首先要问三个问题：我们在哪些方面是成功的？我们在哪些方面取得了一些成果？我们在今后应该专注于哪些方面？

　　过去的 40 年中，日本与德国在经济上所取得的成就给了我们相同的启示：这两个国家所专注的是对经济"气候"的引导，而不是对经济"天气"的控制。比如日、德两国的经济政策目标，从来就不是让国家这个"病人"感觉稍微好一点，而是使病人体质得到迅速改善，并长期保持健康。也就是说，政府政策的目标，是创造一个让国家经济得以高速发展的环境，能够抵御周期性的、程度不同的经济衰退，即使经济衰退不可避免，也有足够的能力迅速调整，并长期保持竞争力。

　　日、德两国在刚开始企图控制经济"天气"时，经济立刻失去了发展动力。1989 年，德国政策发生转向，大量增加赤字支出用以拉动消费，其目的主要是收买民主德国人民手中的选票，结果国家经济出现波动。20 世纪80 年代中期，面对美元贬值的压力，日本政府希望拉动国内消费，从而抵消短期出口萎缩对经济造成的影响，结果却立即导致股市和楼市价格的投机性暴涨。"泡沫经济"这一术语也由此得以产生，不幸的是，这一泡沫最终在 1991～1992 年破灭。

　　降低税率与创造良好的经济"气候"并不存在着必然联系。供给学派的经济学家认为，只要减税就足以确保经济的健康增长，但这一观点并没有得到证实。他们的另外一个观点，也就是增税必然导致经济停滞，则已经被证明是错误的。举个例子来说，尽管日本的个人所得税率一直居高不下，但并没有产生经济停滞的现象。正如我们之前所讲的，"征税范围"，也就是"征谁的税"，比税率更重要。

　　国家和地区财政政策的正确目标，应该是鼓励对知识以及人力资源的投资。这正是 20 世纪后半叶日本、德国与"亚洲四小龙"取得巨大经济成就的秘诀。经验表明，任何一个国家和地区，只要坚持以创造良好的经济"气候"为重的政策，只要不对经济"天气"进行过多的干预，就一定能够取得成功。

成败参半：超越保姆国家

政府转向策略的最后一步是：分析政府那些成败参半的政策与行动。我们需要确定政府的哪些政策与行动是不成功的，然后才能停止实施。我们还是要问：应该放弃什么？哪些政策是行得通的？哪些方面应该做得更多？

这些问题我们已经在巨型国家的形态之一，也就是"冷战国家"部分讨论过了。的确，巨型国家在军备控制方面是成功的，但也仅仅是成功了一半，而冷战国家没有取得任何成功。我们目前所需要的是实现跨国化的军备控制。事实证明，对处于"相互摧毁，同归于尽"威胁下的军备控制来说，即使是最富裕的国家也无法在经济上承受得起，而且这种方式在遏制恐怖分子的武器扩散方面也无能为力。

除了军备控制领域，巨型国家在社会领域取得的成果也是成败参半，保姆国家就是如此。保姆国家的政府，在社会领域自己亲自经营管理的项目上，并没有取得多少成绩。但是，民间自治社区组织开展的公益行动，取得了很大的成就。知识社会及其政体除了政府之外还需要一种全新的"社会部门"，以满足社会需求，重建有意义的公民意识和社区认同。

构建这种全新的"社会部门"，是摆在我们面前的一个重要课题，也是一个全新的课题。因此，我们有必要单独拿出一个章节来进行全面的论述。

通过社会部门重建公民意识

　　将来，社会需求会在以下两个领域不断增长。首先是传统的"慈善"领域，比如救助那些穷人、残疾人、鳏寡孤独、受害者等。其次是服务领域，如"社区改善"（changing the community）与"人的提升"（changing the people）等，这方面的社会需求可能会增长得更快。

　　在社会转型期，需要救助的人通常会越来越多，难民就是其中之一。目前全球有大量的难民，他们之所以沦为难民，大多是由于战乱、社会动荡、种族迫害、政治迫害、宗教迫害、政府无能、政府残暴等，不一而足。即便是在相对稳定的社会中，也有人因为无法适应向知识工作的转变而被社会淘汰。由于目前劳动力结构以及对技术和知识的需求已发生剧烈变化，社会及其成员往往要花上一两代人的时间才能迎头赶上。对服务工作者来说，要想等到生产力提高到可以使他们过上"中产阶级"的生活，恐怕还要等上相当长的时间，根据历史经验，至少要等上大半代人的时间。

　　跟传统的"慈善"领域相比，第二个社会服务领域（也就是"社区改善"

与"人的提升"等服务领域）需求的增长也会很快，甚至会更快。我们已经开展慈善工作差不多 1000 年的时间，但对第二个领域的社会服务工作，我们之前了解的并不多，这类工作在最近的几百年中如雨后春笋，增长的速度极快，尤其是在美国。

未来几十年，对这类服务的需求肯定会越来越多。之所以如此，主要是由于以下三点原因：第一，发达国家人口老龄化的趋势会愈加明显，也就是说，老年人口的数量会越来越多，他们大多是独居的，也不想去养老院；第二，对医疗保健服务的要求会越来越高，因此需要更多这方面的研究和培训，同时需要更多的医院和医疗设施；第三，成年人对继续教育的需求日益增加，单亲家庭也需要越来越多的社会服务。因此，社区服务部门极有可能成为发达经济体中真正的"增长点"之一，尽管我们同时希望对慈善救助的需求最终会降低很多。

"外包"的需要

通过保姆国家来满足这些社会需求的尝试大多都失败了，至少，政府亲自经营管理的这些服务工作基本上都失败了。因此，从保姆国家的经验中，我们可以得出的第一个结论是：政府在社会领域要放弃经营者和管理者的角色，只要做好制定政策的工作就足够了。这就说明，与经济领域一样，社会领域也需要"外包"。正如企业考虑到自身的结构调整，需要将支持性、事务性、维护性的工作外包出去一样，政府也需要将社会工作外包出去。

政府需要将社会工作外包出去，还有一个原因，就是要提高服务工作的生产力。政府是服务工作者最大的雇主，然而在政府部门就业的服务工作者，生产力是最低的。只要他们还为政府工作，生产力就不可能提高。这是因为，政府部门必定是一个官僚机构，它必须（也应该）整天忙于制定各种

规章制度，而把提高生产力抛在一边；它也必须整天忙于繁文缛节、文山会
海，而把提高工作效率抛在脑后。如果不这样做的话，这帮政府人员还能做
些什么呢，难道让他们去偷去抢不成？实际上，所有发达国家的政府雇员大
多都从事社会部门应该从事的提供服务、经营服务的工作。

因此，政府将这些社会性工作外包出去，是非常必要的。40 年来，美
国政府一直试图通过政府行动来解决社会问题，但从来就没有取得过任何效
果。可那些独立运营的非营利组织在这方面却取得了令人瞩目的成就。很
多城市公立学校（如纽约、底特律、芝加哥的公立学校）的办学成绩一直在
以惊人的速度持续下滑，教会学校（尤其是罗马天主教教区的学校）却取得
了惊人的成就。这难道是生源问题造成的吗？答案是否定的。公立学校和
教会学校属于同一个社区，生源中有同样来自破裂家庭的孩子，也有类似
的种族结构。在反酗酒、反吸毒运动方面，只有那些独立机构取得了成功
（而且是巨大的成功），比如嗜酒者互诫协会（Alcoholic Anonymous）、救世
军（Salvation Army）、撒玛利亚会（Samaritans）等。位于密歇根州罗亚尔奥
克（Royal Oak）的贾德森中心（Judson Center），就一直在帮助那些有孩子
但无丈夫供养而不得不接受社会救济的"福利妈妈"（她们通常是黑人或拉美
人），帮助她们摆脱贫困、重返工作岗位、过上稳定的家庭生活。⊖ 除了贾德
森中心之外，取得成功的独立性非营利组织还有很多。在医疗保健领域，像
心脏病、精神疾病的预防治疗等方面所取得的进步大多也要归功于独立性非
营利组织。例如，美国心脏病协会与美国精神健康协会就一直大力资助相
关的研究，并率先对医疗团体与社会大众进行疾病防治和疾病治疗方面的
教育。

因此，大力扶植社会部门的自治性社区组织的成长，是政府转向和重新

⊖　有关这方面的论述，请参阅我的《非营利组织的管理》（*Managing the Non-Profit
Organization*）一书。

发挥作用的重要一步。

自治性社区组织的最大贡献在于，使自己成为"有意义的公民意识的新中心"。而巨型国家的"贡献"，无非是彻底摧毁了公民意识罢了。为了恢复公民意识，除了企业与政府这两种公认的"私人部门"和"公共部门"之外，知识社会政体还需要"第三个部门"——自治的"社会部门"。

光有爱国主义精神是不够的

爱国主义精神是什么？爱国主义精神就是心甘情愿为祖国牺牲自己的生命。任何人，尤其是工人阶级，都愿意为国家而死，即便是在人们深恶痛绝的战争中也是如此。但是，光有爱国主义精神是不够的，⊖ 我们还需要有公民意识（citizenship）。公民意识是什么？公民意识就是愿意为国家做出贡献。也就是说，更愿意为国家而"生"，而不是为国家而"死"。恢复公民意识，是知识社会政体的一项核心诉求。

爱国主义精神，也就是愿意为国家而死，无论在东西方都是普遍存在的。但是，公民意识显然是西方的创造，实际上起源于雅典和罗马的全盛时期。作为西方的传统之一，最优秀的政治演说中就处处体现着国家对公民意识的歌颂。例如，古希腊史学家修昔底德（Thucydides）就曾为主政雅典的伯里克利（Pericles）撰稿，而伯里克利的演讲常常使人听得心潮澎湃、振奋激昂。

随着罗马帝国的灭亡，公民意识也烟消云散。欧洲的中世纪并没有所谓的"公民"——封建领主有家臣，城市有市民，教会有教民，可就是没有公

⊖ "光有爱国主义是不够的"，这句名言是一名叫艾迪丝·卡维尔（Edith Cavell）的英国护士在第一次世界大战时所说的。她说这句话的时候，正在被德国人押赴刑场。之所以被德国人处死，只不过是因为她在比利时自己经营的一家医院收容了几个逃跑的英国战俘而已。

民。作为东方国家的日本，在 1867 年的明治维新前，同样没有公民——大名（也就是封建领主）有家臣，城市有工匠行会，寺庙有信徒，就是没有公民。

自罗马帝国以来，公民意识的复兴出现在民族国家，事实上，民族国家是构建在公民意识的基础之上的。民族国家的公民意识主要体现在公民的责任与义务上，这也始终是政治理论与实践的核心议题。

作为法律术语，citizenship 指的是公民身份，而不是行动。作为政治术语，citizenship 指的是诸如积极奉献、勇于承担责任，以及努力改善社区、改造社会、造福国家等公民意识。

在巨型国家，政治意义上的公民意识不能发挥任何作用。即便这个国家不大，政府事务还是跟个人没有任何关系，个人也无法为国家的改变做些什么。当然，他们可以投票（最近几十年，我们好不容易才知道投票权是如此重要），还可以缴税（最近几十年，我们好不容易才知道纳税权是对国家如此有意义的义务），但他们就是没有机会担负起国家的责任，也无法为国家的改变做点儿什么。然而，没有公民意识，任何政体都只能是空中楼阁，还有可能导致民族主义；没有公民意识，爱国主义可能变为沙文主义；没有公民意识，人们就不会有对国家负责任的奉献（只有在奉献过程中，才能够树立公民意识，才能够使国家拧成一股绳），也不可能由此产生满足感和自豪感；没有公民意识，任何一种政治单位（无论是被称作"国家"还是"帝国"）拥有的都只是"权力"，一旦丧失这种"权力"，就会立刻土崩瓦解。总之，为了能够应对这个瞬息万变、危机重重的世界，知识社会政体必须重建公民意识。

需要重建社区意识

除了重建公民意识之外，我们同样需要重建社区意识。在知识社会，传统社区的凝聚力早已不在。知识赋予个人来去的自由，传统社区也因此难以维系。我们现在已经了解，传统社区的维系靠的不是社区成员的归属感，而是他们的生存需要——他们别无选择只能如此，如果不是因为被迫或恐惧的话。

现在，有很多人谈到家庭解体时指的是离婚，在某种程度上，这的确是一种误解。我们必须承认，在发达国家，很多人的婚姻以失败（离婚）而告终。但与 100 多年前或 150 多年前相比，现在婚姻维系的时间还是比以前长了。这是因为，当时家庭的解体大多是由于配偶的死亡，而不是离婚。

传统的家庭是出于生存的需要而维系在一起的。如果按今天的标准，19世纪小说中描写的家庭，大都属于"破碎家庭"。无论家庭成员是多么相互憎恨、相互厌恶、相互恐惧，他们都必须生活在一起。19 世纪有句名言："家，是永远向你敞开大门的地方。"（Family is where they have to take you in.⊖）20 世纪之前的家庭，几乎可以提供任何你所需的社会服务。所以，维系家庭的稳定是一种需要，而被逐出家门是一种灾难。20 世纪 20 年代，美国戏剧与电影中经常出现的一个形象是残忍的父亲，要是女儿带着私生子回家，他就会毫不犹豫地将女儿逐出家门。这时，对于女儿来说，摆在面前的就只有两条路：要么选择自杀，要么堕入风尘。

实际上，对于现在的大多数人来说，家庭越来越重要了。然而，人们之所以自愿组成家庭，是出于相互之间的情感、依恋与尊重，而不是必须这么做。比起我们这一代人，现在的年轻人，只要脱离了青春期的叛逆心理，就会更加需要家庭的呵护，更愿意亲近自己的父母与兄弟姐妹。

即便是这样，家庭也无法取代社区。之所以人们需要社区的愿望那么强烈，主要是因为随着人口的增长，人际关系愈加疏远，无论是城市还是郊区均是如此。过去的乡村生活是那么美好，邻里之间有着共同的爱好、共同的职业，甚至共同的无知，彼此相互依靠，共同成长。但这样的日子早已一去

⊖ 这句话出自美国诗人罗伯特·弗罗斯特（Robert Frost，1874—1963）的一句名言："Home is the place where, when you have to go there, they have to take you in."——译者注

不返了。即便是亲情无价，现在也不能处处指望家人。现在交通越来越发达，职业流动性越来越大，我们再也不能期望永远固守在自己的乡土，永远浸润在出生地的文化之中。因此，知识社会（尤其是知识工作者）需要重建社区意识，这种社区意识必须构建于成员之间相互的责任与认同之上，而不能仅仅局限于一定的地域。

工厂社区的消失

40 年前我就认为，工厂社区会在工作的场所出现。在《工业人的未来》（1942 年）、《新社会》（1949 年）与《管理的实践》（1954 年）这三本书中，我就谈到过工厂社区（plant community）——能赋予工人个人地位，让工人发挥作用并进行自我管理的地方。但即便在日本，工厂社区的做法现在也行不通了。目前日本的工厂社区，与其说是构建于工人的归属感之上，倒不如说是构建于工人的恐惧感之上，而且这一趋势变得越发明显。根据日本大型企业的年功工资制度（seniority-wage system），如果雇员在 30 岁以后失业，实际上就等于这辈子永远失业了。不过，由于日本目前正从（20 世纪 60 年代开始的）就业岗位严重不足转向劳动力严重不足，工厂社区的状况会有所改变。

在西方，工厂社区却从未扎根。即便如此，我仍然坚决主张，必须给予雇员最大化的责任意识与自我约束能力，这也正是我一直积极倡导工厂社区背后的理念。在我看来，基于知识的组织必须转变成基于责任的组织。

个人（尤其是知识工作者）还需要拥有丰富的社会生活、良好的人际关系，能够在工作之余和组织之外（事实上是自己的专业知识领域之外）为社会做出自己的一份贡献。

志愿者：公民意识的体现

能够满足上述需求的唯一领域就是社会部门。在这里，我们才能为社会做出贡献，才能肩负起社会的责任，才能让社会发生改变。也正是在这里，我们才能成为"志愿者"。

这种情况正在美国发生。

在除了美国之外的多数发达国家，志愿者传统已被国家福利所摧毁。就拿日本来说，寺庙神社一直是民间志愿者积极参与社会活动的中心，在这里他们行善积德、广济天下、尽显大爱。但 1867 年向西方学习的明治维新运动，将宗教事务纳入了政府的管辖范围，这就导致民间志愿者与宗教的社会服务很快消失。在英国，几乎整个 19 世纪，慈善事业一直都是社区活动，而且也一直被视为富人的社会责任。1890 年之后，随着政府全面掌管社会事务的观念日渐加强，这些慈善活动基本上消失了。1878 年在伦敦定名为"救世军"的基督教慈善组织，是维多利亚时代蓬勃发展的社区服务文化的少数幸存者之一。在法国，自拿破仑时代起，只要不是由政府组织、控制的社区服务，都会遭到大家的怀疑，它们甚至会被认为正在从事企图颠覆政府的活动。

美国的教派林立，美国人对州、市、县等地方自治权的高度重视，以及偏远少数民族地区的社区传统，都减缓了国家对社会活动政治化与集权化的脚步。得益于此，美国现在才会有大约 100 万个非营利组织活跃在社会的各个角落。它们涉及的资金规模约占美国 GNP 的 1/10，其中 1/4 来自社会大众的捐赠，另外 1/4 来自政府为特定事项的拨款（比如医疗保健报销项目），其余的部分是通过自己的服务筹集的（比如就读于私立大学的学生所付的学费、每个博物馆的"艺术品商店"的经营所得等）。

非营利组织已成为美国最大的雇主。现在，美国每两位成年人中就有一位（总计9000万人）"义工"，也就是"志愿者"，他们每周至少为非营利组织工作3个小时。这些组织包括教会、医院、医疗保健机构、（开展社区服务的）红十字会、童子军、（开展康复服务的）救世军、嗜酒者互诚协会、（为受到家庭暴力的妻子提供的）临时收容站、（设于市区学校的）辅导站等。到2000年或2010年，这些义工应该会增加到1.2亿人，而且每周的工作时间会增加到5小时。

这些志愿者将不再仅仅扮演"救助者"的角色，他们扮演得更多的是"经营者"。目前美国的非营利组织逐渐有了拿工资的专职管理人员（但管理队伍中的其他人员主要还是志愿者），他们也正在承担着越来越多的管理职责。这方面的变化在美国天主教会表现得最为明显。在重要教区，通常都会有女性"堂区干事"，负责堂区的日常管理，主持弥撒、施与圣餐的工作还是由牧师来做，其余的所有事务，包括堂区的社会工作和社区工作，都由义工在堂区干事的指导下完成。

美国志愿者组织参与社区活动之所以蔚然成风，主要原因并不在于需求的增加，而在于志愿者奉献社区的精神。大多数刚加入志愿者队伍的新人都不是退休人员，他们多半是三四十岁的中年人，受过良好的教育，夫妻双方整天都忙于自己的工作，收入颇丰。这些人都热爱自己的工作，但总觉得有必要再做些什么，用我们常常听到的一句话来说，就是做些"我们可以做出改变"（we can make a difference）的事儿。有的人在当地教堂开设福音班，有的人教低收入群体的孩子乘法表，还有的人经常看望那些久病初愈刚刚从医院回到家中生活的老人，帮助他们进行康复训练。

美国非营利组织的志愿者从组织中所得到的，甚至比自己所付出的更重要。

女童子军，是美国能够做到种族融合的少数组织之一。在这里，不分肤色，不分种族，大家一起工作，一起玩耍。早在 20 世纪 70 年代，这一组织就开始大量招募非洲裔、亚裔和拉美裔的母亲作为志愿者，做一些促进社区融合的工作，这正是女童子军在种族融合方面能够做出巨大贡献的原因。

同样，"教牧式教会"之所以能够快速壮大，是由于能够吸引大量的志愿者，开展卓有成效的社区活动。教会的工作人员几乎都是志愿者。其中最大的一个教会，成员人数高达 13 000，但仅有包括高级牧师在内的 150 名工作人员按月领取工资。即便如此，"教牧式教会"在社区工作上所取得的成绩，也比传统教会高得多。每一位参加过几次礼拜的人，都会主动承担一些教会的事务，无论是在教堂还是在社区。几个月之后，他们一定会被请去做一些教会活动管理方面的工作。总之，"教牧式教会"期待每一个人都能成为社区活动的"领导者"。

社会部门所体现的公民意识，并非医治后知识社会及其政体所有顽疾的灵丹妙药，但有可能是解决这些弊病的先决条件。因为它可以重建公民责任（公民意识的标志）与公民的自豪感（社区意识的标志）。

有些国家的社区、社区组织以及公民意识都遭到了严重（甚至是彻底）的破坏，迫切需要重建，但这些国家的后继政府恐怕还要经过好多年的时间，才能完全胜任以下这些政府应该完成的工作：货币管理、税收、国防、司法、外交等。在这段过渡期内，恐怕只有靠那些自治性地区的非营利组织，通过志愿者的参与，激发群众的热情，政府才能提供社会所需要的服务，才能引领政体所需要的发展。

不同的社会，不同的国家，必然会构建不同的社会部门。比如西欧的基督教会就不可能像美国的基督教会那样，继续在社会中扮演重要角色，继续在社会中发挥积极作用。再拿日本来说，工厂社区可能还会继续成为社区组织的主要力量与重要标志，对基层员工来说尤为如此。尽管不同社会、不同国家的社会部门各有不同，但是所有发达国家都需要独立自主的社区组织，需要它们提供必需的社会服务，尤其是在重建社区凝聚力和恢复积极向上的公民意识方面。从历史的角度来看，人类很难左右社区的形成与发展，但是在知识社会及其政体中，社区必将是构建于公民责任与承诺之上的。

3

第三部分

知　识

POST-CAPITALIST SOCIETY

第 10 章

知识：知识经济学及知识生产力

第 11 章

应肩负起责任的学校

第 12 章

知识人

知识：知识经济学及知识生产力

乍看上去，当知识转变成为最基本的资源时，经济好像并没有受到这种转变的影响。

世界经济体系将来还会是市场经济，这一点是可以肯定的。将来的经济体系，市场化程度会比第一次世界大战前更高。对经济活动的组织者，也就是"市场"的批判，最早可以追溯到亚里士多德。除了亚里士多德之外，其他人对"市场"的批判，大多也说得在理。[⊖] 但是，尽管市场本身还有许多先天不足，它仍然比其他经济活动的组织方式好得多。这一点在过去的 40 年中，已经得到了充分的证明。市场为什么比其他方式更优越？答案恰恰在于它是围绕信息来组织经济活动的。

世界经济体系将来还会是市场经济，也会保留市场机构，但它的本质会发生根本的改变。如果说这个世界的经济体系的本质仍是"资本主义"的，

⊖ 对市场经济最强有力的批判来自卡尔·波兰尼（Karl Polanyi，1886—1964）的著作《大转型》（*The Great Transformation*，1944 年）。

那么也是以"信息资本主义"为核心的。近 40 年来，在世界经济舞台唱主角的产业，生产和销售的都是知识与信息，而不是具体的实物。制药产业的真正产品是知识，那些医生所开的药片、药膏只不过是包在知识外面的一层包装罢了。像电信产业、计算机产业（包括硬件制造、软件开发等）、影视产业（包括影视产品的生产和发行）等，生产和销售的也都是知识与信息。还有一些"非商业"领域，例如教育和卫生保健，也都在开展知识的生产和应用方面的工作。在所有发达国家，这些领域甚至比基于知识的商业领域发展更快。

传统资本主义下的"超级富豪"是 19 世纪的"钢铁大王"。而在第二次世界大战之后的经济发展时期，"超级富豪"变成了那些硬件制造业、软件开发业、影视制造业、信息系统集成业的巨头，罗斯·佩罗（Ross Perot）就是其中的一位。还有那些零售业巨头，如美国沃尔玛的创始人山姆·沃尔顿（Sam Walton）、日本伊藤洋华堂的创始人伊藤雅俊（Masatoshi Ito），还有英国的塞恩斯伯里兄弟（Sainsbury brother），靠的都是对传统零售业进行的以信息为中心的改造，才发了大财。

事实上，凡是在近 40 年得到发展的传统行业，都是因为对自己进行了以知识与信息为中心的改造。之前提到的大型钢铁厂已经落伍，即便是在劳动力成本很低的国家，它们也无法与小型钢铁厂竞争。小型钢铁厂的成功之道，就在于围绕着信息展开工作，而不是围绕着热浪滚滚的高炉进行作业。

靠制造或搬运物品就能获取巨额利润的时代早已过去，即便是控制了资本，也不可能大幅获利。

1910 年，奥地利裔德国社会主义者鲁道夫·希法亭（Rudolf Hilferding，1877—1941）创造了一个术语，叫"金融资本主义"（Finance Capitalism）。他坚称，在社会主义必然到来之前，"金融资本主义"是资本主义发展的最终阶段。他认为，在资本主义经济中，银行贪婪地扩大存贷款之间的利差，结果导致银行与银行家成为资本主义经济唯一的赢家和统治者。之所以苏联的计划经济以国家银行为中心，通过银行的信贷手段来控制经济的运行，就是根据这一理论。同样，第二次世界大战后英国工党刚一上台，就立刻将英格兰银行收归国有，几年后，法国战后第一届社会党政府也将几家最大的商业银行收归国有。

现在的商业银行普遍陷入了困境，这是因为存贷款利差日益收窄，单靠这种利差获利，它们很难过上以前的好日子。先别提要过上好日子，即便它们想维持下去，恐怕也得靠收取信息费这一手段。

同样，现在单靠传统资源，也就是劳动力、土地和资本，获利空间越来越小——要想创造财富，只有靠信息与知识才行。

知识经济学

至于知识如何成为经济资源发挥作用，我们现在还不大清楚，也缺乏足以用来发展出一套理论并加以检验的经验。到目前为止，我们只能说，我们的确需要这种理论，也就是将知识放于财富创造过程中心的经济理论。仅靠这种理论就足以解释我们目前的经济状况、经济增长与创新；仅靠这种理论就足以解释日本的经济运作模式，尤其是日本的经济运作模式为什么会取得成功；仅靠这种理论就足以解释为何某一领域的新来者（尤其是在高科技产业领域）刚露头角，就能以摧枯拉朽之势横扫市场，将根基颇深的竞争对手纷纷斩于马下。例如，日本家电就曾横扫全球市场，日本汽车就曾在美国所向披靡。

到目前为止，我们还没有看出亚当·斯密学派与李嘉图学派对知识在经

济中的作用有何高见。不过，现在已经出现了一些这方面的研究成果。[○]

这些研究明确指出，知识经济的运行并不遵循现有的任何经济理论，也就是说，知识经济理论完全不同于现有的任何经济理论，无论是凯恩斯主义还是新凯恩斯主义，无论是古典主义还是新古典主义。

以往经济学家的一个基本假设是：对于资源分配和经济报酬分配，"完全竞争"是最理想的模型。但在现实世界，不完全竞争的情况比比皆是。不完全竞争被认为是外部干预的结果，比如垄断、专利保护、政府监管等。但在知识经济中，不完全竞争似乎是经济本身所固有的、与生俱来的属性。谁最早应用知识、开发知识（这一点可以从我们所说的"学习曲线"中看出），谁就会最先取得优势，而且这种优势会永远保持下去，这种局面无法改变。这就意味着，无论是政府采取自由贸易的经济政策，还是采取保护主义的经济政策，两者都不会单独发挥作用。知识经济要求两者并用，并取得两者之间的平衡。

以往经济学家的另一个基本假设是：经济发展的好坏，是由消费或投资决定的。凯恩斯学派与新凯恩斯学派（比如米尔顿·弗里德曼）认为消费是影响经济的决定因素，古典学派与新古典学派（比如奥地利学派）则认为投资是影响经济的决定因素。但在知识经济中，消费与投资似乎都没有发挥决定性的作用。我们并无证据可以证明，在知识经济中，消费的增加就

○ 加州大学伯克利分校的保罗·罗墨（Paul Romer）在这方面有所建树。他的两篇文章，《内生技术变迁》（Endogenous Technological Change）与《非凸性对理解增长是重要的吗》（Are Nonconvexities Important for Understanding Growth?）分别发表在《政治经济学期刊》（1990年）和《美国经济评论》（1990年）上。这方面的研究成果还有：牛津大学莫里斯·斯考特（Maurice Scott）所著的《对经济增长的一个新见解》（A New View of Economic Growth，牛津大学出版社，1989年）；纽约大学数学家兼计算机科学家雅各布·T.施瓦茨（Jacob T. Schwartz）发表在美国人文与科学院期刊《戴达罗斯》（Daedalus，1992年冬季号）的一篇文章《美国20世纪90年代的经济技术日程》（America's Economic-Technological Agenda for the 1990s）。施瓦茨的这篇文章对基于知识的创新经济学给出了自己的看法，文章论述缜密，但术语不够精确。

一定会导致知识产出的增加。另外，我们同样没有证据可以证明，在知识经济中，投资的增加就一定会导致知识产出的增加。至于消费的增加、投资的增加与知识产出的增加之间是否一定存在正相关的关系，就算有，它也无法作为经济理论或经济政策的基础，因为消费、投资与知识产出之间间隔的时间太长，长到无法进行定量的分析。

知识经济还有一点难以与传统的经济学理论相容，那就是不同种类的知识缺乏共同的衡量尺度。不同地块会有不同的产量，其价值是由产量决定的。也就是说，产量高的土地，价格就高；产量低的土地，价格就低。说到新知识的运用，有以下三种情况（这一点我们在第 4 章探讨过）。第一种是对流程、产品与服务进行不断的改进，这一点日本人做得最好，他们称之为"改善"；第二种是"开发"，也就是对现有知识进行不断的开发利用，发展出新产品、新流程与新服务；第三种是真正的"创新"。

在经济领域（以及社会领域）中，以上三种运用知识进行改变的方法要同时使用。虽然说这三种方法都是至关重要的，但是在经济特征上存在着本质上的差异，也就是说在成本与经济效益上存在差异。因此，起码到目前为止，我们还不能对知识进行"量化"分析。当然，我们可以大致估算出生产与销售知识的成本有多少，但很难说清这些知识到底产出了多大的效益。然而，我们如果无法用一个模型来表达经济事件之间的量化关系，就不能形成一套完整的经济理论。没有这样的一个量化模型，我们就无法做出理性选择，而提供理性选择正是经济学的全部目的所在。

更重要的是，知识投入的"数量"（也就是"量"的方面）远没有知识的"生产力"（也就是"质"的方面）重要。而且，这不仅适用于旧知识，也适用于新知识。

知识生产力

跟以前相比，知识并没有跌价。所有发达国家用于知识生产与传播的开销，差不多都要占到本国 GNP 的 20%。其中，正规教育（也就是年轻人就业前所接受的学校教育）大约占 GNP 的 10%（第一次世界大战时，这一数字仅为 2% 左右）；用人单位对员工的继续培训大约占 GNP 的 5%，可能还会更高；研发（也就是新知识的创造）占 GNP 的 3%～5%。

世界上几乎没有任何国家，能把超过 20% 的 GNP 留作自己的货币资本。即使是日本与德国，这两个货币资本占 GNP 比例最大的国家，也只有在第二次世界大战后急需重建与经济扩张的 40 年中，货币资本占 GNP 的比例才超过了 20%。即便是在美国，这一比例多年来也没有突破 20% 的大关。

因此，知识资本已然成为所有发达国家最大的一笔投资。当然，对一个国家或一家企业来说，这种对知识的投资必然得到回报，而这种回报也必然日益成为其竞争力的决定性因素。同样，知识的生产力会日益成为决定经济与社会能否成功，以及整体经济表现的因素。而且我们知道，在不同国家、不同产业、不同组织之间，知识生产力的表现存在着很大的不同。

这里就有几个例子。

第二次世界大战后，就科技知识的生产来说，英国本应该成为世界经济的引领者。抗生素、喷气式发动机、人体扫描仪甚至计算机，都是由英国研发出来的。但是，英国并没有将这些知识成就转化为成功的产品与服务，也没有转化为就业机会、出口份额与市场地位。与其他因素相比，知识生产力的严重不足，才是英国经济举足不前、日益衰退的主要原因。

今天，美国社会在知识生产力方面也亮起了红灯。从微芯片到传真机，从机床到复印机，美国的各个行业都开发了新技术，却只能眼睁睁地看着日本企业将这些技术进一步转化为产品，并占领世界市场。在美国，知识的边际效益远远低于日本。在一些重要的领域，美国的知识生产力也远远不及其他国家。

德国是另一个例子。从第二次世界大战结束起至 1990 年联邦德国、民主德国统一，联邦德国在经济上取得了巨大的成就。在大多数工业领域，甚至在银行保险业，联邦德国在世界上的经济地位比德意志第三帝国时代或希特勒之前的时代更具领导性。长久以来，联邦德国的人均出口额是美国的 4 倍，日本的 3 倍。可以说，在旧知识的运用、改善和开发利用上，联邦德国具有极高的生产力。但在新知识领域，尤其是高新技术领域，例如计算机、电信、制药、高新材料、生物遗传工程等方面，联邦德国的生产力很低。按比例来说，联邦德国在这些领域投入的财力、人力并不亚于美国，甚至可能超过了美国，也因此研发出了相当数量的新知识。但是，联邦德国显然未能将这些新知识进一步转化为成功的创新。也就是说，这些新知识仍然只是信息而已，并没有转化为生产力。

对我们最有启发性的例子是日本。近 40 年来，无论是在传统的制造业还是在基于知识的新产业，日本的表现都非常出色。然而，日本的突飞猛进，并非构建于知识研发的技术之上。在技术与管理知识方面，日本大都是借力而行，借助得最多的是美国。直至 20 世纪 70 年代后期，日本才加大了对知识的自主研发，创建了国内的研究基地。尽管目前日本仍然在世界经济强国中排名第二，但它进口的知识量仍然远远大于出口的知识量。跟管理知识相比，实际上日本进口的技术知识还真是不多。但无论是什么样的知识，只要到了日本人手上，都能极大限度地转化为生产力。

除了知识生产力之外，资源的生产力问题也很可能成为知识社会的核心经济议题——决定环境与经济增长之间关系的基础之一。除此之外，在货币资本方面我们也面临着生产力差异的问题，这和知识资本的生产力问题非常相似。

货币资本生产力

第二次世界大战前，货币资本生产力问题并没有受到经济学家的普遍重视。几乎所有的经济学家看重的都是货币资本的量，而不是货币资本的生产力。即便是凯恩斯，也仅仅是将货币资本简单区分为用于投资的和用于储蓄的两类。他想当然地认为，只要是用于投资的货币资本，就一定会产生生产力。

直至第二次世界大战结束，我们才开始提出以下问题：每追加一个单位的投资，能够带来多大的效益（也就是边际收益是多少）？货币资本的生产力是什么？我们后来才搞清楚，原来不同的货币资本之间存在着生产力的差异，而且这些差异至关重要。

在我们刚刚开始关注货币资本生产力问题时，也就是在 20 世纪 50 年代末与 60 年代初，中央计划经济在全球很多地方非常盛行。当时人们普遍关注的唯一问题是：究竟是苏联的五年计划这种自上而下的、事无巨细的指令性计划经济，还是法国的那种在上下取得共识后才能实施的计划指导性经济（plan indicatif）能更好地运行？几乎所有人都接受这样的观点：无论是在总产出还是单位产出方面，计划经济的投资效益都要远远胜过市场经济。

但就在这种比较中，有人得出了以下结论：就经济的实际表现来看，无论是哪种计划模式，货币资本的生产力都很低，而且是每况愈下。研究表明，在中央计划经济下，边际收益越来越低。

对于这种研究结果，法国人立即做出了反应，随即搁置了计划指导性经济的做法。如果法国的经济政策在 20 世纪 60 年代初没有 180° 的大转弯，现在肯定会和民主德国一样。

与法国不同，苏联仍实行计划经济。这就导致了货币资本的生产力持续下降，甚至达到了负增长的地步。在勃列日涅夫时代，苏联政府持续对农业追加投资，到最后，除了国防之外，农业占国家预算的比例最高。但事与愿违，国家对农业的投资越多，收成却越少。苏联的民用工业同样如此，投入的资金不少，生产力却总也上不去。至于国防部门，由于缺乏足够的数据，我们目前还不能妄加判断。总之，货币资本生产力的失败，是苏联经济最终崩溃的主要原因。

我们现在已经知道，中央集权化的做法严重阻碍了货币资本生产力的发展。世界银行过去对第三世界国家注入了数额巨大的投资，其目的并不是让它们搞中央计划经济，但不幸的是，它们的做法有过之而无不及，而且直到现在仍是如此。结果是这些国家的生产力一直上不去。它们用这些投资建设了一大批诸如大型钢铁厂的"形象工程"，但总体来说，这些项目并没有获得什么"乘数递增"（multiplier）效应。此外，这些投资所创造的就业机会，也仅仅局限于那些工厂之内，出了工厂的大门，没有几个工作岗位是它们创造的。这些工厂在经济上连自给自足都难以做到，就更别提盈利了。结果，它们不仅无力为国家经济注入资金、注入活力，反而成为国家经济的负担和累赘。

总体来说，只要是中央计划模式（实际上是中央集权的做法），就极有可能使知识资本无法取得应有的效益，这一点与货币资本非常相似。

在高科技领域，日本近来大张旗鼓地搞起了计划模式，这一点跟 30 年前苏联和法国为了发展经济所采取的中央计划如出一辙。然而，到目前为止，效果还不大理想。日本在高科技产业所取得的成功，与之前大肆吹捧的政府计划没有多大关系。大多政府计划项目都以失败而告终，例如当时雄心勃勃的"第五代"超级计算机发展项目就是如此。为了与日本抗衡，美国政府牵头并大力资助了一些与企业合作的项目（这些项目实际上是将技术的创新中央集权化了），但同样遭到了失败。

创新，也就是运用现有知识去创造新知识的过程，根本就不同于那些美

国传奇人物大脑中经常闪现的"灵感"。难道一个天才独自在车库修车就能
"灵光乍现"？创新需要一步一个台阶，需要付出系统化的努力，需要高度
的组织参与，光靠个人的努力是无法实现的。⊖ 创新也需要分权化和多样化，
这一点与中央计划和集权化恰恰相反。

管理的要求

刚刚提到的"集权化""分权化"与"多样化"都不是经济学术语，而
是管理学术语。关于知识投资的生产力问题，目前我们还没有形成一套经
济学理论，但管理学已经涉及了这方面的探讨。最为重要的是，我们已经知
道使知识更具生产力是管理的责任，它既不能由政府承担，也不能由市场推
动。要使知识更具生产力，就要求有系统、有组织地运用现有知识去创新
知识。

第一条原则可能是：为了产生效果，知识的目标必须定得足够高。目标
定得高，但路还得一步一步走。"运用知识，做出改变"，单从这一点来说，
知识就能产生足够的生产力。

匈牙利裔美国籍科学家阿尔伯特·森特·哲尔吉（Albert Von Szent
Györgyi，1893—1986）对生理学研究做出了革命性贡献，也因此获得了诺
贝尔奖。当被问及获得诺贝尔奖的原因时，哲尔吉将功劳归在了他的一位老
师身上——如若他没有获奖，这位在匈牙利一所省属高校任教的老师可能还
是一名默默无闻的教书匠。哲尔吉回忆道："申报博士论文选题时，我对导
师讲我打算做肠胃胀气方面的研究。这是因为我们过去对这方面知之甚少，
即便现在也是如此。而我的导师说，'你的选题非常有趣，但你要知道从来

⊖ 关于这方面的论述，请参阅我的《创新与企业家精神》（*Innovation and Entrepreneurship*，1985）一书。

就没有人死于肠胃胀气。如果（一个大大的如果）你真的想要出成果，最好换一下思路，发现一个你能够做出改变的领域，再加以努力'。"哲尔吉接着说："就这样，我一头扎进了基础生物化学研究，经过努力，最终发现了酶的存在。"

哲尔吉的每一个研究项目都是一小步、一小步地做起来的，可他最初的研究目标却定得很高：找出人体的基本化学组成。同样，在日本人所说的"改善"中，每次迈出的也仅仅是一小步（也就是说这里改进一点，那里改进一点），可整个目标却是很高的，通过点点滴滴、日积月累的改进，几年之后就能推出一个跟以往完全不同的新产品、新流程或新服务。总之，这个目标就是要"做出改变"。

要使知识更具生产力，还需要清楚地专注于目标，高度地集中自己的注意力。要在知识方面做出努力，无论是个人还是团队，都必须设立目标并进行组织。因此，创新不是"天才的灵光乍现"，而是一种艰苦的工作。

要使知识更具生产力，还需要系统地利用创新机会——我在之前的一本书中曾称之为"创新机遇的 7 个来源"。⊖ 单靠这些机遇，知识并不一定就能发挥作用，还要配合知识工作者或知识团队的能力与长处才行。

要使知识更具生产力，最后还需要的是：管理时间。无论是前面提到的"改进""开发"还是"创新"，巨大的知识生产力往往要经过很长的一段时间之后才能显现出来。然而，知识生产力的提高，要求源源不断地涌现出短期效果，这就要求我们去做管理中最难的事情：在短期效果与长期结果中取得平衡。

到目前为止，我们在如何使知识更富生产力方面所取得的经验，主要来自经济和技术领域。但同样的原则也适用于社会、政体以及知识本身等诸多

⊖　关于这方面的论述，请参阅我的《创新与企业家精神》（*Innovation and Entrepreneurship*，1985）一书。

领域。鉴于目前在这些领域还没有取得成功，我们需要在知识的运用方面加大努力。但问题是，对于知识生产力而言，我们在这些领域的要求比在经济、技术、医药等领域的更高。

唯有融会贯通

无论是个人还是团队，要想提高知识生产力，就必须从现有知识中深度挖掘从而提高产出。美国有一个流传已久的故事，讲的是一个农民拒绝了别人给他的增产建议。他说："我早已知道使产量翻番的方法了。"

我们中的大多数人（也可能是所有人）都知道很多道理，但就是不会应用，这主要是因为我们做不到对各种知识的融会贯通。我们从不会问："在我掌握的或已经学过的知识中，哪些可以应用在这项工作上？"相反，我们的做法是将知识分门别类，做一样工作时，就只拿出一样知识。

在与企业的高管合作期间，我不止一次发现，对于一些组织结构或（知识的）技术产出问题，通常都可以从他们的现有知识（例如在上大学时就已经学过的经济学知识）中找到解决方案。但通常他们的反应是："我当然知道解决这个问题的知识，但问题是，那是经济学知识，不是管理学知识啊！"这纯粹是一种武断的划分。当然，如果仅对教学而言，这种"学科"的划分还是有必要的，但对于这种知识究竟是什么、这种知识究竟能干什么等问题，这种划分就毫无意义可言了。我们组织企业、政府机构、大学的传统模式，更使我们相信，知识是用来放在书架上炫耀的，而不是拿来解决问题的。

在教学过程中，我们必须强调知识是拿来用的。在运用知识解决工作问题的过程中，我们还需要强调最终所能达到的效果。"唯有融会贯通"（only connect）是英国伟大的小说家 E. M. 福斯特（E. M. Forster）反复对我们提出的忠告。作家、艺术家通常都能够做到这一点，伟大的科学家，例如达尔文、波尔（丹麦物理学家）、爱因斯坦等也具备这样的能力。他们之所以被称为"天才"，是因为他们天生具有融会贯通的能力，而这种能力是无法解释的"神秘现象"。但是，在很大程度上，通过融会贯通现有知识从而提高产出，这种能力是可以学习获得的，无论是对个人、团队还是对整个组织来说，都是如此。最终，融会贯通的能力应该成为可教的学问。首先，"融会贯通"要求我们建立一套"界定问题"的方法论，这或许比（现在盛行的）找到"解决问题"的方法论更为迫切。其次，"融会贯通"要求我们对特定问题（所需要的知识和信息种类）进行系统的分析，从而形成一套方法论，去组织、安排解决问题的具体步骤——这套方法论就是构成（我们现在所讲的）"系统研究"的基础。最后，"融会贯通"还要求我们正视所谓的"组织无知"[⊖]（organizing ignorance）问题，也就是说，比起已经掌握的知识，我们尚未掌握的知识（无知）会更多。

知识的专业化发展趋势，使我们在各个领域都有完成工作的巨大潜力。但正是因为知识的专业化，我们才需要一套方法论、一种原则以及一套能将这种潜力发挥出来的工作流程。否则的话，大多现有的知识就不会有生产力，只不过是信息罢了。

只见树木不见森林是一种严重失败，但只见森林不见树木也是一种严重失败。我们的树，只能一棵一棵地栽，也只能一棵一棵地砍。但是，森林是树木的"生态"，没有了这种整体环境，作为个体的树就永远长不起来。要使知识具有生产力，我们就必须学会"既见森林又见树木"，必须获得融会贯通的能力。

知识的生产力问题将日益成为一个企业、一个产业甚至整个国家竞争地

⊖ 40 年前，我就打算写一本名为《组织无知》的书，但时至今日也未能如愿。

位的决定性因素。在知识上，没有任何国家、产业或企业拥有先天性的优势或劣势。如果要取得优势，唯一的途径就是从现有的知识中去开发、去利用，做到融会贯通。在知识生产力方面，我们必须加强管理，只有这样才能日益提高本国在世界经济中的竞争地位。

应肩负起责任的学校

技术革命的成果，如台式计算机、卫星传输的信号等，都在从四面八方涌入学校的各个角落。未来几十年，这些技术革命的成果，必将改变学校的教学方式和学生的学习方式。同样，它们还会改变教育的经济形态，使学校从高度劳动密集型组织转变为高度资本密集型组织。

学校的社会地位和角色将发生更为剧烈的变化（虽然这一点迄今为止还鲜有人提及）。长久以来，作为一个核心机构，学校一直扮演着"属于社会"（of society）的角色，而非"融入社会"（in society）的角色。它所关心的是那些尚未成为公民、尚未承担公民责任、尚未走上工作岗位的未成年人。但在知识社会中，除了未成年人之外，学校也将成为成年人学习、进修的场所，特别是那些受过高等教育的成年人。更重要的是，在知识社会，学校将肩负起绩效责任。

几百年前，西方学校经历了早期的技术革命，这场革命是由印刷书本引起的。早期的技术革命给了我们诸多重要的启示（这些启示还不是技术方面的），其中一条就是：教学过程中采用新技术，是国家与文化成功的一个先决条件，也是获得经济竞争力的一个先决条件。

1550 年之前，中国和奥斯曼帝国在政治、军事、经济、科技和文化等几乎所有领域，都是世界上数一数二的"超级大国"。到了 1550 年，两国的地位虽然有所下滑，但在世界上还是占有优势。自 1550 年起，两国日益举足不前，经济停滞，闭关自守。而在西方，学校开始被视为一种"进步向上"的机构，促进了所有领域（文化、艺术、文学、科学、经济、政治、军事等）的发展。而在中国和奥斯曼帝国，几乎所有改革运动中最先遭殃的就是学校。

这种在学习上的早期技术革命，对我们还有一条重要的启示：跟技术本身的变化相比，技术所引发的学校与教育的实质、内容、目标上的变化更为重要。这些方面的变化才是真正重要的地方。在教与学的技术方面，哪怕是一丁点的变化，都能产生巨大的效果。

日本是怎么做到的

让我们看一下日本的做法。日本在其"新式学校"与"现代学校"（也就是 18 世纪末与 19 世纪初在"京都文艺复兴"运动中文人所创办的学校）中并没有采用西方模式。日本也没有把印刷书本看得很重要。实际上，正是在这些文人创办的学校中，日本书法才达到了巅峰水平，随后推广到全国各地。这些学校高度强调书法之道以及蕴于其中的美学体验，直至今日，日本教育仍然保留着这些传统。更重要的是，日本文人学校完全抛弃了中国人心目中"士"为四民之首的精英理念。这些文人所追求的是人人皆能读写运算的理想，无论走到哪里，他们都会劝导当地士绅开办学堂，并向所有孩子开放。在教育的实质与内容上，文人学校大量借鉴了所有能从西方或西方教育中学到的知识（大多是通过居住在长崎的荷兰商人）。事实上，日本人极为擅长吸收外来文化，对它们（中国文化与西方文化）兼收并用，然后再将其"日本化"，200 年前"京都文艺复兴"运动中所创办的文人学校，或许就是最好的例子。

也正是由于文人创办了这些学校，日本才得以在一个世纪之后成为非西方世界中的第一个现代化国家，并在经济、技术、政治制度以及军事等方面"西方化"的同时，保留了浓厚的本土特色。经过 19 世纪后期的明治维新运动，日本走出了封建自守的德川幕府时代而一跃成为现代化的国家，文人学校功不可没。明治维新运动的改革先锋都来自这些学校，与这些文人学校中的大师学者一脉相承。

将来教育上最重要的转变，一定不会是技术上的转变，无论技术上的转变多么重要或多么明显。教育上最重要的转变必将是重新思考教育的角色与功能，以及教育的内容、重点、目标与价值。当然，技术对教育的影响也是巨大的，但主要是因为技术迫使我们去尝试新鲜事物，而不是因为技术能使我们把旧的事做得更好。

我们再来举一个欧洲早期教学革命的例子。这场革命中最伟大的人物是扬·阿姆斯·夸美纽斯（John Amos Comenius，1592—1670），他被尊称为"现代学校之父"。1618 年捷克新教徒掀起了反对天主教哈布斯堡王朝的宗教改革运动，起义失败后，信仰新教的夸美纽斯被天主教反宗教改革势力驱逐出境。使印刷书本成为教学过程的有效载体这一技术贡献，我们应该归功于他。此外，这位夸美纽斯还发明了识字课本与教科书，但对他而言，这些只不过是一些小小的工具罢了，他真正所重视的是全新的课程设置。总的来说，今天世界范围内所讲的教育，指的就是夸美纽斯所倡导的教育。他的教育目标就是人人皆能读写运算。当然，这里面也包含了宗教的动机：尽管新教在捷克饱受打击，甚至连新教牧师也被那些以胜利者自居的天主教势力驱逐出境，但只要通过学校教育，他的捷克同胞就能坚守新教，就能通过自己的努力来解读《圣经》。

现在教育面临的真正挑战不是技术本身，而是我们使用技术究竟是为了什么。到目前为止，没有任何国家的教育体系能够满足知识社会的需要，也没有任何国家着手解决这些主要的供需矛盾。我们并不知道解决这些问题的答案，也没有人在做应该做的事情。但我们至少应该提出问题，应该能够界定（即便只能大致勾勒出）学校与教育提出的新要求，这样才有可能应对知识社会的现实问题。

这些新要求呼唤成立（不同于现有学校的）新型学校，就好像350年前夸美纽斯要求"现代"学校必须不同于印刷书本出现之前的学校一样。

以下就是我们对学校和教育提出的新要求：

- 学校必须能够为每个人提供更高层次的基本学习能力——这种能力远远超出了我们今天所说的"读写运算"能力。
- 学校必须激发不同层次、不同年龄学生的学习动机，使他们接受继续学习或终生学习的理念。
- 学校必须是一个开放性系统，既向受过高等教育的人开放，又向早年因种种原因而未能接受更高教育的人开放。
- 学校必须既传授"知识的内容"又培养"在获得知识的过程中所形成的能力"——德国人分别把它们称为"知识"（Wissen）和"能力"（Können）。
- 教育再也不能被学校垄断。在知识社会中，教育必须遍及整个社会。各种雇用性的组织，如商业组织、政府机构、非营利组织等，都必须成为教学机构，而学校也必须成为雇员与雇用性组织的合作伙伴。

新绩效的要求

在以上我们对学校和教育提出的新要求中，更高层次的基本学习能力是首要的，也是基础的。一个社会如果缺乏这个条件，就别指望能在知识社会中有多高的绩效。任何教育体系的首要社会责任，就是要让每一名学生具备行动的能力，能为社会所用，能为社会做出贡献。

新技术最早对人们的基本学习能力（人人皆能读写运算的能力）产生了影响。长久以来，多数学校将大量的时间浪费在了那些最好学（而不是最好教）的科目上，也就是按照行为主义的原理通过反复练习、重复和反馈来进行教学。小学的大多数课程，甚至初高中的很多课程，采用的都是这种办法。其实，无论是阅读与写作、算术、拼写，还是历史、生物，甚至神经外科、医学诊断、工程机械等高等学科，都可以通过计算机来学，通过这种方式可能还会学得更好——教师只需要在一旁给予指导和鼓励，扮演好"引路人"与"协调者"的角色就行了。

在将来的学校里，学生只要掌握了计算机这种工具，就完全可以胜任自己教自己的工作。事实上，学生的年龄越小，对计算机就越感兴趣，计算机教学的效果也就越好。从历史来看，以前的基础教育完全是劳动力密集型的，但未来的基础教育，一定会变成资本密集型的。

用于教学的技术随处可见，唾手可得，但对于人人都需具备的基本学习能力而言，我们仍面临极大的挑战。传统的基本学习能力再也无法满足我们的需要。当然，基本的读写运算能力未来一定还会需要，但需要得更多的是那些作为组织成员或作为一名雇员必须拥有的综合能力。例如，我们需要有一定的逻辑思维能力，我们需要了解科学技术的基本原理，我们还要学会几门外语用于未来的沟通等。

使人人掌握基本的学习能力是教育的首要任务，这也是其对社会的基本承诺。这就要求学校，尤其是小学，必须着重培养学生的基本技能。如果学校做不到这一点，它就辜负了自己神圣的使命。因此，学校必须给予初学者自信心，使他们获得足够的能力，这样他们将来才能在知识社会大显身手，大有作为。

因此，这就要求现代教育，尤其是美国的教育，必须在发展的大趋势上做出转变。正如我们所了解的，美国最早在第一次世界大战结束（最晚不超过第二次世界大战结束）时，就已经完成了使人人都具备基本学习能力的目标，随后美国的教育目标就发生了转向。学校不再把教学当成自己的主业，反而成了解决社会问题的主战场。之所以美国教育在20世纪五六十年代做出这种转变，或许是迫于无奈。当时的种族问题严重程度之深、波及面之广，迫使我们将学校转变成种族融合政策的实验田。150年来，黑人问题一直是困扰美国的核心社会问题，至于下一个150年会怎么样，我认为很可能依然如此。

学校没有能力，做不了这份社会工作。和其他类型的组织一样，学校只善于从事和自己特定目标相关的工作。实际上，将教学置于社会目标之下的做法，反而可能阻碍了种族融合和黑人地位的提高（越来越多的成功黑人都这么认为）。同样，这种做法是导致美国基础教育质量严重下滑的重要因素。出身中上阶层的孩子仍然可以获得基本学习能力，然而最需要掌握这种能力的人，也就是出身贫穷或来自移民家庭的孩子，什么也得不到。

目前，我们的当务之急就是重申最初创办学校的目的。创办学校不是为了使其成为社会改革的桥头堡，而只是为了让个人能够获得基本的学习能力，仅此而已。当前美国教育最有希望的一个方案，极有可能是通过"学券制"来大力推进教育体制改革。这一改革方案甚至得到了许多（已获得个人成功的）黑人与拉美移民的支持，就连威斯康星州密尔沃基市议会的黑人女议员也竭力争取该方（法）案的通过。如果该法案得以通过，父母就可以为他们的孩子选择一所能够专注于学习能力的培养而且在学习方面要求严格的学校。

这一定会受到自由主义者和所谓"进步人士"的强烈攻击，他们认为"学券制"的改革极有可能使教育朝"精英化"的方向发展。但是，日本那些在精英化道路上走得最远的学校，创造了最平等的社会。即便是那些在竞争激烈的高考中发挥不佳的学生，按任何一种传统的标准来看，仍然具备了很高的基本学习能力，足以从容应对现代社会的挑战。在日本的学校中，基本学习能力的培养在任何时候都是第一位的，其他方面的考虑只能退而求其次。当然，我们也不能说它们的做法就是完美的，但对于美国的学校来讲，能够学到这一点就足够了，最起码能够让低收入家庭的孩子专注于读书，而这正是他们所迫切期望和强烈要求的。

学会如何去学

传统上讲的"学问"指的是基本学科知识，比如加减乘除基本运算和最基本的美国历史。但是，知识社会同样要求学生具备"在获得知识的过程所形成的能力"，而这一点学校从来就没有打算教。

在知识社会，我们必须学会如何去学。实际上，在知识社会，学生的基本学科知识可能还比不上持续学习能力及其动机重要。知识社会要求我们必须终身学习，因此，我们需要掌握学习的方法。但终身学习也要求学习过程必须充满诱惑力，这样我们才可以从中得到满足感，即使学习不是我们迫切需要的，也应该能够成为人生一大乐事才对。

在今天的所有教育体系中，只有日本努力提供给学生一套完整的学习方法。高考中数学成绩优异的日本学生，跟在高考中数学考得很烂的美国学生一样，10 年后数学也都忘得差不多了，但是，日本人在走出校门时，就已经掌握了日后如何研究和如何继续学习的方法了。

　　日本人关于学习的那套方法，也就是为高考设计的"魔鬼"训练方法，并没有激发学生的学习积极性。学生是因为害怕考不上才去学习，一旦考上了，就失去了继续学习的欲望，而这种继续学习的欲望正是我们所需要的。

　　相比之下，在美国的文理学院（liberal art college），对大多数学生来讲，学习就是一种享受。但是，光有享受还不行，我们还需要加强学习方面的训练。否则的话，学生就会误以为"大学念书的感觉好极了"就是学习成就，"被激励多看点书"就是学习训练了。

　　对这些问题，我们其实知道应该怎么办。实际上，数百年来我们一直在努力强化继续学习的动机，也一直在加强必要的学习训练。那些优秀的艺术教师、体育教练就是这样做的，还有管理学文献中经常提及的"管理大师"也是如此，他们经常深入企业，充当"顾问"或"导师"的角色。在他们的指导下，学生们都取得了自己意想不到的成绩，也有了继续学习的强烈动机，即便要求他们进行严格、艰苦、长期的训练，他们也都乐意接受。

　　没有什么事情比钢琴训练中爬音阶的练习更枯燥乏味的了，然而，越是日复一日、年复一年坚持这种单调乏味的练习，就越是能够成为钢琴大师。外科大夫也是如此，越是日复一日、年复一年坚持单调乏味的缝合伤口练习，就越是能够成为技艺精湛的外科大夫。钢琴师为了能够在技术上取得一点点的进步，往往要花上数月的时间练习爬音阶，但自此以后，他就能用"心"去聆听音乐的美妙。外科大夫为了能够在手指灵巧度上取得一点点的提高，往往也要花上数月时间练习缝合伤口，但自此以后，他就能提高手术速度，从而更好地挽救生命。因此，无论哪行哪业，若要取得成就，就得从基本功练起，一步一个脚印地往前走，走着走着，就会达到一种欲罢不能的境界。

　　这种成就并不意味着把你并不擅长的事情做得稍微好一点，而是把你擅长的事情做得更好。学生所取得的成就，必须建立在他们的长处之上，千年以来，这一点已被每一位艺术教师、体育教练、管理大师所熟知。事实上，发现学生的长处，然后让他们专注于完成目标，这才是"导师"与"教导"的真谛所在。这也是西方传统中最伟大的导师之一圣·奥古斯丁（St. Augustine of Hippo，354—430）在其《导师录》（*Dialogue on the Teachers*）一书中所讲的精华所在。

学校与教师同样知道这一点，但条件不允许他们将精力集中于学生的长处之上并激发学生的潜力。相反，他们关注的都是学生的弱点。实际上，西方传统教育（起码一直到大学毕业）几乎将所有的时间都花在了纠正学生的缺点或"补拙"上，花在了"庸才"的培养上。

学生确实需要在核心知识方面获得基本的学习能力，也的确需要"补拙"，的确需要掌握连"庸才"都必须掌握的基本技能。但问题是，在传统学校，如果时间都花在这上面，就没有时间去做任何其他事了。传统学校最引以为豪的"作品"就是"全优生"，也就是各科成绩都能够达到标准的学生。然而，这些"全优生"只不过是顺从学校的要求做一名"听话"的孩子罢了。我再次强调，传统学校之所以这么做完全是出于无奈。这是因为学校的首要职责就是使每一名学生掌握基本的学习能力，而只有专注于学生的弱点并下大力气"补拙"（即便是小班授课也不例外），才可能完成这项任务。

教学过程采用的新技术，可能为学校带来极大的改变。通过运用这些技术，教师就可以获得极大程度的解放，不必整天将精力放在那些常规性、补救性和重复性的工作上了。当然，教师还需要对这些教学工作进行指导，但再也不必像"助教"一样天天跟着学生跑。这些工作完全可以由计算机来完成，而且效果也比教师干得好。因此，我们可以期望，教师今后会有更多的时间来发现学生的长处，然后充分关注他们的长处，引导他们取得成就。我们可以预期，将来教师会有足够的时间真正用在"教学"上。

即便新技术完全能够使学校或教师做到这一点，但问题是，他们是否愿意改变态度去关注学生们的长处呢？他们是否愿意根据学生的不同之处而采取"个性化"的教学方式呢？将来学校或老师仍然会说："张三（或李四），你需要做更多的除法练习，这儿有一些习题，赶紧拿回去做吧。"学校或老师仍然会检查张三（或李四）的作业究竟完成了没有。他们仍然会让张三（或李四）来听讲解、看示范、受鼓励。但是，有了计算机作为辅助教学的工具，教师就不必整天坐在那里监督学生的作业完成情况。可是，教师将来是否愿意去关注学生的长处呢？或者教师会不会这样说："张三，你画得这么好，为什么不将全班同学都画下来呢？"

还有一种"过程知识"是学校必须教授的，或者说至少要能在学校里学到一些，这就是我们在上一章提到的从知识中获得"产出"，也就是获得效益的过程。能够成功完成这一过程的地方很可能是实战，而不是以传授理论为主的学校。到目前为止，唯一关注知识产出的教育机构是那些"专业院系"，例如工程学院、医学院、法学院、管理学院等。这些院系关注的是知识的应用（实践），而不是理论。但是，将来我们每一个人都必须能够提高知识的产出，这就要求在获得知识的过程中所应形成的能力，也就是提出概念、分析问题和解决问题的技能，必须能够在学校传授，最起码也必须可以学到。这必将是教育面临的一个挑战。

融入社会的学校

长久以来，学校一直是社会的核心机构（在西方，至少从文艺复兴以来就是如此；在东方，可能还要早些）。但从传统上来讲，学校一直被认为是"属于社会"的机构，而不是"融入社会"的机构。学校就如同"象牙塔"，与世隔绝，独来独往，很少与其他社会机构发生联系。西方最早的学校，是中世纪初期本笃会修道院的附属学校，专门培养未来在修道院任职的修士，从不向世俗人士开放。另外，学校也不是为成年人创办的，"pedagogy"（教育学）的词根是"paidos"，在希腊语中就是"男孩"的意思。

学校将来"融入社会"的程度会越来越深，这种变化之剧烈，就和教学方法、教学内容与教学过程的变化一样。当然，学校的学生将来还会以年轻人为主，但随着学习逐渐成为一种终身持续的活动（而不是成年之后就再也不用学习了），学校必须适应这种观念的改变，从而对自身的结构以及运作模式做出改革。这就意味着，学校将来必须成为一种"开放的体系"，接纳各个年龄段的人。

几乎在世界任何地方，学校的结构设置都基于以下假设：学生到了一定年龄，就必须进入适合该年龄段的学校学习；针对某个年龄段，也有一套制定好了的标准化教育方案。在美国，5 岁要上幼儿园，6 岁要上小学，12 岁要上初中，15 岁要上高中，18 岁要上大学。除了幼儿园之外，如果在某个阶段耽误了，恐怕就永远也补不回来了。

对于传统学校而言，这恐怕是不言而喻、天经地义的观念。但是，这一点与知识的本质、与知识社会的要求相悖。在知识社会，现在我们需要这样一种观念：一个人的教育程度越高，将来就需要越多的继续教育。

在美国，许多人都期望医生、律师、工程师、企业高管每隔几年就回学校进修，以免他们落伍，甚至被时代淘汰。然而，在美国之外的其他国家，成年人重返校园接受正规教育的情况还不多见，尤其是那些在专业领域已经获得高等学历、已经掌握高端知识的成年人。即便在日本、法国、意大利、德国、英国以及北欧国家等，亦是如此。不过，将来在所有发达国家中，这必须成为一种标准。

教育体系的这种开放性还要继续加大，也就是说，取消任何教育阶段的年龄限制，无论老幼，都可以接受相关的教育。在美国，这种开放性的教育发展很快。在英国，现在成立了开放大学（Open University），但是，到目前为止，这也仅仅是一个良好的开端而已，未来的路还很长。

知识社会经不起知识潜力的浪费，而学位也成为找到一份知识工作的必备条件。即便在美国和日本等高等教育普及程度很高的国家，16 岁或 18 岁就辍学的年轻人也越来越多。但我们没有任何理由相信，他们中的大多数缺乏知识工作所要求的聪明才智。事实上，根据我们的经验，这些辍学的青年在才智方面丝毫不亚于他们那些上大学的同龄人。之所以他们没有像其他人那样走进大学的校门，主要是因为承担不起高昂的学费。如果说还有其他原因的话，就是他们认为自己 18 岁已经是成年人了，应该自食其力，再也不能待在家中继续啃老。10 年之后，他们中的很多人想重返校园继续学习，到那时，教过他们的老师一定会证明，这些学生浑身都充满了斗志，愿意接受各种挑战。这是因为他们现在有了更强的学习动机，就是想要从事高一级的工作。而那些 19 岁的年轻人就不一样了，他们之所以也想继续读书，是因为社会要求他们必须这么去做，所以学习的动机就不是那么强烈。

更为重要的是，知识社会必须保障每个人都能享受继续教育的权力，不能有年龄和学历的限制。每个服务工作者都必须享有同等的机会去从事知识工作。实际上，这就意味着，知识社会必须创造出这样一种教育体系，借用一个计算机专业术语来讲，就是"随机访问"（random access），也就是说，这样的教育体系应保障每个人都可以随意出入，来去自由。只要愿意，社会中的每个人都可以在一生中的任何阶段接受正规教育，并获得从事知识工作的资格。同时，社会要勇于接纳那些年龄比较大的人，只要他们能够胜任，就可以从事任何性质的工作。

今天的社会却不是如我们所设想的那样安排的。事实上，在多数发达国家，社会是这样安排的：一个人在最早从事的工作岗位上，最好一干就是一辈子，最好能够做到善始善终。这种僵化的体系在日本表现得最为明显，欧洲的情况也好不到哪去，而美国至少在为成年人提供继续教育机会方面走在了发达国家的前列。近 20 年来，美国教育发展最为迅猛的领域，就是针对成年人的继续教育领域，无论年龄大小（即便是已经取得高等学历的成年人），只要他们愿意，就能获得更多、更广、更精的知识。这种做法使美国的教育遥遥领先于其他发达国家，但问题是，即便在美国，除非你很早就获得了基本职业资格，否则很难从事知识性工作。也就是说，即便你成年后接受了一些继续教育，美国社会仍不大情愿把知识性工作交给你来做。

学校：教育的合伙人

将来，教育不再会被学校垄断。也就是说，教育会日益成为一项合作事业，学校只是教育事业的合伙人，而不是垄断者。当然，在诸多教育领域，学校将来依然是提供教学服务的"主办机构"，但会日益面临来自其他"承办机构"的竞争。

我们前面已经讲过，从传统上来讲，所谓"学校"就是我们工作前学习的地方，而"单位"就是我们毕业后工作的地方，两者没有什么交集，但今后这种界限会变得越来越模糊。将来，学校也会日益成为成年人继续学习的地方，即便他们还要在单位从事全职工作。这种重返校园继续学习的形式会多种多样，可能是开三天研讨会、上周末课程班，或者是参加三周的强化训练（每周两晚）的课程等。只要能够坚持几年，他们就能获得相应的学位。

单位将来同样会成为成年人继续学习的地方。当然，这种单位培训也不是什么新鲜事，但目前培训对象还仅限于新员工。将来，各种形式的培训也会为终身学习服务。成年人，尤其是那些具备高等学历的成年人，将来在单位既要当培训者又要当被培训者，也就是说他们既要当老师又要当学生。在美国，用人单位（如企业、政府、军队）用于培训成年员工的投资，跟国家用于正规学校教育年轻人的投资不相上下。

将来会出现的情况是，学校和用人机构成为教育事业的合作伙伴。150多年来，德国教育一直采用的是建教合作制，也就是学校和雇主联合培养年轻学生。将来，学校和用人单位必须日益学会将合作的领域延伸至成年人的继续教育。无论是为已经取得高等学历的成年人提供进修，还是为早年因为种种原因而辍学的成年人提供补习，都会由学校和其他机构共同采取不同的形式（如合作办学、联合培养、边读书边实习等）来完成。学校需要进一步加强与成年人（和他们的雇用机构）的合作，而成年人（和他们的雇用机构）也要进一步加强与学校的合作，共同促进教育的发展，满足知识社会的需求。

学校应肩负起责任

我们在私下经常谈到那些"好学校""坏学校""大名鼎鼎的学校""无足轻重的学校"。在日本，只有为数不多的几所名校，例如东京大学、京都大学、庆应大学、早稻田大学、一桥大学等，它们控制了通往大企业和政府机构的通道。法国的几所精英大学（Grandes Écoles）也享有同样的地位和特权。而在英国，虽然牛津和剑桥不再被视为学术界的绝对权威，但仍然是英国高等教育中的翘楚。

我们也经常喜欢对美国的学校做出比较：某某文理学院的毕业生中有多大比例选择继续攻读博士学位？某某大学的图书馆有多少册的藏书？某某郊区高中的毕业生有多少被第一志愿的大学录取？不同大学在学生眼中的声望是怎么样的？但是，我们很少问："这所名校的绩效如何？它的绩效又应该是什么？"

无论如何，这些问题早就该引起注意了。在20世纪，虽然教育已经变得非常昂贵，但仍没有肩负应该肩负的责任。正如之前的章节所提到的，发达国家的教育投资，在 1913 年时仅占 GNP 的 2%，而 80 年后，也就是现在已飙升至 10%。

此外，学校也变得非常重要，必须得肩负起责任。作为教育的重要部分，学校应该认真考虑自己的绩效应该是什么，以及要如何做才能取得这些绩效。当然，不同教育体系之下的不同学校，会对这些问题给出不同的答案。但对它们的共同要求是，必须先提出这些问题——这样它们才能认真面对这些问题。面对学校的不作为，我们再也不能接受那些教师老一套的借口："都是因为学生太懒、太笨！"随着知识日益成为社会的核心资源，培养那些"懒"学生与"笨"学生才是学校真正的责任所在。其实，学生在智力上并没有什么高低之分，关键还得看学校是"作为"还是"不作为"。

学校，正在逐渐丧失作为教育提供者的垄断地位。即便都是学校，不同学校之间也一直存在着激烈的竞争。在法国，公立学校和教会学校激烈竞争；在美国，高校之间的竞争同样激烈。在发达国家，"名校"之间的竞争惨烈程度丝毫不亚于（为数不多的）产业领域。但从未来的发展趋势来看，随着不同的机构大量涌入教育领域，每个机构都会使出不同的教育手段，竞争将在学校与"非学校"（也就是这些机构）之间展开，并且这种竞争会日趋激烈。

我们在这儿举三个例子来说明。第一个例子是，美国的一家大企业正着手与几家知名的商学院展开竞争。这家企业为自己的管理层开发了一些培训项目，现在正向其他企业的高管进行推广，还计划未来进一步推广至政府机构与军方的服务部门。第二个例子是日本的"补习学校"，又称"私塾"（juku），它们招收了很大一批初中生和高中生。第三个例子是美国的一家出版商，它最近开了一家公司，计划在未来 5 年创办 600 所培训学校。根据这一计划，学校的收费标准并不高，最多也不会超过公立学校的一般标准，但获利空间仍然很大。他们甚至还承诺："考不了高分就退款。"

这些社会办学力量能否取得成功还不得而知，但可以肯定的是，未来将有大批的社会办学机构涌入市场，和学校展开激烈的竞争。

随着知识成为知识社会的核心资源，学校作为知识的"生产者"与"分配渠道"，其社会地位与垄断地位都注定会受到极大的挑战。而其竞争者，也就是那些社会办学机构，也一定会有成功的。

将来教什么、学什么、怎么教、怎么学以及教育的消费者是谁、学校的社会地位如何，所有这些问题的答案，在未来的几十年中都会发生巨大的变化。实际上，学校面临的挑战之严峻，绝非其他任何社会机构所能比。

最大的变化就是学校必须为自己的绩效负责，而我们在这方面的准备做得并不充分。学校应该建立自己的绩效"底线"，也就是说，既然学校收了学费，就应该为自己的表现负责，最起码要达到学生的基本要求。总之，学校将来必须肩负起责任。

知识人

这本书主要探讨的是人生活的环境、工作的环境和学习的环境，却没有对人本身进行深入的探讨。但随着我们日益迈进知识社会，对人的思考，对人的关注才是最重要的。与钱不同，知识是人格化的事物，与人的精神状态直接相关。知识并不等同于某本书、某个数据库或某套计算机软件，它们只不过是信息的载体罢了。知识总是经由人来体现，由人来教，由人来学，由人来传承，由人来发展，由人来使用，甚至也是由人来误用。因此，在向知识社会转变的过程中，必须将人置于社会的核心位置。正因为如此，关于知识社会的代表，也就是知识人（the educated person），就会出现一些新的挑战、新的争议、新的问题，而这些都是在以前的社会中未曾出现过的。

在早期的所有社会中，"知识人"往往带有些许装饰、炫耀的含义。在德语中，有一个名词叫"Kultur"（大致可译作文化，或"文化人"），就带有"使人敬畏"（awe）与"受人嘲笑"（derision）的双重含义，英语中找不到与其意义对等的词汇，即便用"炫耀学问高的人"（highbrow）来表达相同的含义，也不是十分贴切。但是，在知识社会中，"知识人"是社会的符号，是社会的象征，也是社会的旗手。借用一个社会学术语，"知识人"就是社会的"原型"（archetype）。"知识人"不仅界定了社会的表现，还体现了社会的价值观、信仰与承诺。如果说封建骑士是中世纪早期社会的代表，资产阶级是现代资本主义社会的代表，那么"知识人"就一定是知识社会（知识是核心资源的社会）的代表。

我们必须改变"知识人"的含义，也就说"知识人"不能仅仅意味着"受过教育的人"或"有教养的人"。可想而知，对"知识人"的界定问题将成为争议的焦点。随着知识成为社会的核心资源，"知识人"也将面临新的要求、新的挑战、新的责任。总之，对社会来讲，"知识人"目前极为重要。

最近 10 年或 15 年来，美国学术界就"知识人"这一问题展开了激烈的（甚至是白热化的）争论。应不应该有"知识人"的存在？是否会有"知识人"的存在？"教育"或"知识"的含义又是什么？

各式各样的激进的女权主义者以及其他"持反对论者"（antis）都一致认为：根本就不存在"知识人"。这也是那些新虚无主义者，也就是解构主义者（Deconstructionist）一贯的立场。有些人则认为，就算有"知识人"，也是指个人，也就是孤立主义（isolationist）的"知识人"。这是因为每个性别、每个种族、每个少数族裔都要求有自己的独特文化。既然这些人主要关心的是"人性"，那么应该不会人对希特勒的"雅利安民族特征"（Aryan physics）做出响应才对。但是，这些反传统主义者的论调的确让我们回想起那些极权主义者的谬论。这是因为他们的目标都是一致的：要建立"知识人"核心内涵的共同标准，至于"知识人"可以被称作什么就不重要了（在西方，"知识人"被称作"有教养的人"；在东方的中国和日本，则被称作"文人"）。

与之对立的阵营（我们可以称之为"人文主义者"）同样鄙夷现有体制。他们之所以这样，是因为现有体制无法批量造就"知识人"。这些人文主义的批评家甚至要求重返 19 世纪，重返"人文精神""古典精神"，重新造就德国人所说的"博雅人"（Gebildete Mensch）。到目前为止，他们虽然没有重提 50 年前芝加哥大学罗伯特·哈钦斯（Robert Hutchins）与莫蒂默·阿德勒（Mortimer Adler）的观点（只有读遍百部西方名著，才有可能成为"知识人"），但他们持有的观点与哈钦斯 – 阿德勒"重返前现代"的思想一脉相承。

无论是哪个阵营，他们全都错了！将来的知识社会必须将"知识人"的概念置于核心位置。"知识人"之所以必须成为一种普遍概念，是因为知识社会有各种各样的知识，是一个全球化的社会，无论是货币、经济、工作、技术，还是最为重要的信息都是全球化的。知识社会需要一种统合力量，需要一个领导群体，能将地方的、独特的、个别的文化传统整合为共享的价值体系、共同的优秀标准，并相互尊重。

因此，知识社会的需要与那些解构主义者、激进的女权主义者或反西方主义者的建议恰恰相反。知识社会最需要的就是：人人都能成为"知识人"。而这一目标正是他们都竭力反对的。

知识社会所需要的"知识人"，与人文主义者所追求的并不一致。人文主义者的对手要求与人类伟大的传统，与人类世代相传的智慧、知识，以及一切美好的事物割裂开来，而这恰恰是人文主义者竭力强调的。可是，人文主义者所做的仅仅是架设一座通往"古典精神"的桥梁，这显然是不够的。知识社会所需要的"知识人"，即使还不足以塑造未来，但最起码可以运用自己的知识影响现在。人文主义者的建议中根本就没有提到过这种能力，事实上，他们并不关心这种能力。但问题是，如果缺乏这种能力，所谓的"伟大传统"只不过是布满灰尘、一无用处的老古董罢了。

德国小说家赫尔曼·黑塞（Hermann Hesse）在其《玻璃球游戏》（*Das*

Glasperlenspiel [⊖]，1943 年）一书中，描述了人文主义者理想的幻灭过程。书中的几位主人公（知识分子、艺术大师、人文学者）在一起过着情同手足、与世隔绝的生活，目的就是为了重返"古典时代"，献身于那些伟大传统、智慧以及一切美好的事物。但是，书中的一个玻璃球游戏大师（克乃西特）逐渐不满足于这个与世隔绝的精神王国，觉得在这种象牙塔里是不可能为民众做出贡献的，于是决定重返现实，回到以前那个肮脏、粗俗、喧嚣、动荡、纷争、充满铜臭的世界。这是因为一个人如果不能与世界发生联系，他所掌握的知识只不过是愚人金（fool's gold）罢了。

　　黑塞在 50 年前所预见的，现在正在发生。之所以现在的"人文教育"与"通识教育"普遍发生危机，是因为它们已经变成了"玻璃球游戏"，人人都沉醉于"乌托邦"式精神世界之中，不愿回到肮脏、粗俗、充满铜臭的现实生活。最有才华的学生还是喜欢"文科"，喜欢的程度丝毫也不亚于第一次世界大战前就已经毕业的曾祖辈。对那几代人来说，"人文教育"与"通识教育"对其一生都有着巨大意义，甚至塑造了他们的人格。到了我这一代（第二次世界大战前毕业的这代人），即使毕业后不久就将希腊语和拉丁语忘得一干二净，但对很多人来讲，"人文教育"与"通识教育"仍然很有意义。但是，今天的学生在毕业几年后却纷纷抱怨："我在毕业前那么用功学到的东西，现在却一点意义都没有，和我现在感兴趣的、想得到的没有一点关系。"可是，他们还是想送下一代进入名校接受人文主义的教育，比如普林斯顿大学、卡尔顿大学、牛津大学、剑桥大学、东京大学、法国大学预科学校、德国大学预科学校等，但不是为了让下一代获取人文知识，而是为了让他们将来能够走向上流社会或找一份好工作罢了。但在自己的生活中，他们抛弃"人文教育"与"通识教育"的价值观，不愿意成为一个所谓的"知识

　　⊖　本书的英译版书名为 *Magister Ludi*（1949）。

人"。换句话说，人文教育并不能帮助他们理解现实，就更别提支配现实了。

目前，就这一问题争论的双方都没有说到点子上。知识社会比以往任何社会都需要"知识人"，也需要传承人类的精神遗产并将其作为社会的一项核心因素。但除了人文主义者所追求的"西方文明"与"犹太－基督传统"之外，知识社会还要传承人类更为丰富的精神遗产。也就是说，知识社会需要的"知识人"还要学会欣赏其他的文化与传统：中国、日本与韩国的绘画艺术、陶瓷艺术；东方的哲学与宗教；伊斯兰世界的宗教与文化等。此外，将来的"知识人"一定不能有人文教育所培养出来的"书生气"，而必须接受对事物进行分析的训练从而获得深刻的"洞察力"。

我们将来仍必须将西方传统置于核心位置，即使它只能使"知识人"把握现在而不是掌控未来。未来可能是"后西方的"，也可能是"反西方的"，但绝对不会是"非西方的"。我们现在的物质文明与知识体系全都建立在西方的基础之上，科学、工具与技术、生产方式、经济学、金融、银行业务等，无不如此。如果不将它们置于西方思想与整个西方传统的背景下去理解，那么它们都不会起任何作用。

19 世纪初，西非人雕刻的木质面具成为西方发达国家的热门收藏品，但他们的创作灵感并不是来自西方，事实上，他们对西方也没有任何了解。今天，这些西非人的后裔仍然居住在部落中的泥屋内，像他们的先人那样以雕刻木质面具为生。他们的国家甚至连"欠发达国家"都称不上。然而，他们现在也用上了收音机、电视机、摩托车，还有用于雕刻的新工具，这些都是西方技术发展的产物。这一代的西非人，按照西方艺术经纪人（比如巴黎、纽约的艺术经纪人）的要求进行木质面具制作，所以他们的美学灵感不仅应归功于自己的祖先，还应归功于西方的某位艺术家或某种艺术流派（比如毕加索或德国的表现主义流派）。

今天，最激进的"反西方"运动不是原教旨主义运动，而是秘鲁的"光辉道路"（Shining Path）。发起这场运动的是印加人的后裔，他们号召放弃西班牙语，恢复使用印第安人古老的盖丘亚语（Quechua）和艾马拉语（Aymara），努力彻底清洗掉秘鲁的殖民烙印，甚至还要将居住在秘鲁的欧洲后裔以及他们的文化彻底驱逐出去。这支"反西方"力量，却通过种植毒品继而出售给纽约或洛杉矶的毒贩为自己筹资——他们最常用的武器，不是印加人传统的弹弓，而是来自西方的汽车炸弹。

　　未来的"知识人"一定要做好生活在全球化的世界的准备，而这个全球化的世界一定是一个"西方化"或"深受西方影响"的世界，同时是一个日益部落化或"充满地方色彩"的世界。也就是说，他们将来必须成为"世界公民"，必须具备宽阔的视野和丰富的信息。同时，他们必须先从自己的乡土文化中汲取营养，然后再反哺乡土文化。

　　知识社会，又是一个组织社会，两者相互依赖，却又在概念、观点和价值上存在差异。未来的"知识人"（即使不是全部，至少也是大部分）会作为组织成员来使用他们的知识。因此，未来的"知识人"必须在生活与工作的两种文化上同时做好准备：一个是"知识人"的文化，强调文字表达与想法；另一个是"经理人"的文化，强调交际与工作。

　　"知识人"将组织视为一种工具，通过这种工具，他们才能运用自己的技术，也就是自己的专业知识。"经理人"则将运用知识视作实现组织运营目的的一种手段。这两种人的看法虽然有所不同，但都是对的。他们之间相互需要、相互吸引，但绝不相互排斥。的确，他们之间谁也离不开谁：从事科学研究工作的科学家需要从事管理研究的"经理人"；从事管理研究的"经理人"同样需要从事科学研究工作的科学家。如果这两种需要达不成平衡，就会导致组织绩效低下，甚至全面崩溃。"知识人"的世界如果没有"经理人"的制衡，就会成为一盘散沙，人人各行其是，结果什么也做不成；"经理人"的世界如果没有"知识人"的制衡，就会成为"组织人"充斥的官僚机构，人人饱食终日，人浮于事，同样什么也做不成。只有两者保持一种制衡的关系，才能使组织具有创造性和条理性，才能使组织顺利完成自己的使命。

在知识社会，很多人都会同时生活和工作在这两种文化之中。更多的人应该会在职业生涯的早期经历"知识人"与"经理人"的角色轮换，从技术岗位转换至管理岗位，比如从计算机工程师转为项目经理或团队负责人，或者作为大学的年轻教授被选出来兼职做两年行政工作等。还有在社会部门（机构）兼职的"义工"，他们能在社区工作中拓宽自己的视野，平衡行走于"知识人"与"经理人"的两种世界。

总之，知识社会的"知识人"必须做好充分理解这两种文化的准备。

对 19 世纪的"知识人"来说，"技术"并不意味着知识。但这些技术已经进入大学的课堂，并且已成为独立的学科。这些技术的实践者已然登入大雅之堂，被称为各个领域的"专家学者"，而不是 19 世纪的"手艺人"或"工匠"。然而，这些技术并不是"人文教育"与"通识教育"的一部分，因而也就不能将它们视为知识。

大学授予"技术"学位已经有很长的历史了。在欧洲，法学学位和医学学位的授予最早可以追溯到 13 世纪。在 1800 年之前的一两年（拿破仑执政时期），法国的大学首先授予了"工程"学位。随后，这种新的学位在欧洲大陆（虽然不包括英国）与美国很快就被社会接受。大多数被视为"受过教育"的人，就是靠手中的"技术"吃饭，比如律师、医生、工程师、地质专家，以及逐渐加入这一队伍的商业人士等，均是如此（只有英国才会尊重那些没有正当职业的所谓"绅士"阶层）。但他们的工作或职业只不过是一份"生计"罢了，根本不能指望靠这些技术过上幸福的"生活"。

离开办公室，这些技术的实践者根本就不会谈及自己的工作，更不会谈及自己的专业——这都是从业人员之间的一些"业务交流"，根本上不了大雅之堂。德国人嘲笑它，法国人更是如此。任何热衷于此类"技术"话题的人都会被看作"乡巴佬"与"讨厌鬼"，"上流社会"邀请的宾客名单中是不可能有他们的。

既然这些"技术"现在已经成为不同的专业知识，那么就必须将它们整合到知识的体系中才对。这样，"技术"知识才能成为未来"知识人"所受教育的一部分。就是因为大学的人文通识课程没有将这些"技术"知识包括在内，学生才会在毕业几年后迅速抛弃它们。他们会对大学教育感到很沮丧，很失望，甚至还会有上当受骗的感觉，当然，他们完全有理由这么认为。"人文教育"与"通识教育"都没有将专业知识融入教育体系，所以也就配不上"人文""通识"与"教育"这些高尚的字眼。它们连教育最基本的任务（建立人与人、民族与民族、国家与国家之间的相互理解）都完不成，而缺乏这种相互理解，建立未来的新型文明将只会是一种奢望。在这种所谓的"人文教育"中，知识都是支离破碎的，统一性严重不足。

我们现在既不需要也不会得到大量"博才"——精通各门专业知识的人。事实上，我们可能需要更多地在专业领域做得更精、做得更细的"专才"。但是，我们的确需要通盘理解各门专业知识的能力，而这种能力正是知识社会要求"知识人"必须具备的。对于各门专业知识，我们需要知道它究竟是讲什么的，它要解决什么问题，它的首要关切和核心理论是什么，它有什么新见解，它在哪些重要领域还存在着空白，它的问题有哪些，它的挑战有哪些。

没有这种通盘理解，专业知识本身就不能产生结果，实际上也不能再称之为"专业知识"。它们穿着华丽的外衣，带有一副盛气凌人的模样，却不能带来任何生产力。这是因为每一门专业知识的独到见解，往往都受到其他专业领域的影响。

目前，经济学与气象学正在受到数学的混沌理论影响而发生重大的变革。同样，地质学在物理学的影响之下发生了很大的转变。另外，遗传学之于考古学，心理分析、统计分析、技术分析与分析方法之于历史学，均是如此。美国经济学家詹姆斯·布坎南（James M. Buchanan）就是因为把最新的经济理论运用于政治过程的研究，并借此推翻了政治学家沿用了一个多世纪的理论假设，最终获得了 1986 年诺贝尔经济学奖的殊荣。

作为专业知识的拥有者，"知识人"必须承担起宣传自己和普及专业知识的责任。媒体（杂志、电影、电视等）在这方面也要扮演重要角色。当然，光靠媒体与个人的力量还是不够的，事实上，任何大众化的传播方式都无法做到这一点。必须根据专业知识自己特有的（严肃的、缜密的、苛刻的）属性去选择普及与推广的方式。这就要求各类专业知识的带头人（从每个领域的泰斗开始算起）承担起普及专业知识的责任，并为此做出不懈的努力。

在知识社会，其实并不存在什么"知识之王"与"知识之后"。用中世纪伟大的经院哲学家圣·波拿文都拉（St. Bonaventura）的话来讲，所有的专业知识都具有同样的价值，都是通往真理之路。然而，专业知识在通往真理、通往统合知识的道路上，必须让这些专业知识的拥有者肩负起责任。总体而言，他们才是统合知识的保管者。

我们可以希望，100 年后有一本类似于《知识论》的书问世，或者不叫《知识论》，而使用其他的名字。如果这一希望能够实现，那就意味着我们已经成功度过了业已开始的转型期。如果现在就去预测知识社会的方方面面，肯定是愚蠢的。这就像在 1776 年（这一年美国宣布独立，亚当·斯密发表《国富论》，詹姆斯·瓦特改良蒸汽机）就去预测马克思在《资本论》中提到的资本主义社会一样愚蠢，就像在维多利亚时代中期就去预测现在我们生活的知识社会一样愚蠢。

但有一件事情是我们现在就可以预测的：未来社会最大的改变一定会发生在知识领域——知识的形式与内容、知识的意义、知识的责任以及"知识人"的含义等。

致　谢

　　这本书得以付梓，首先非常感谢我的老朋友——与我合作多年的编辑卡斯·坎菲尔德（Cass Canfield Jr.）先生。在本书的酝酿期间，他无数次对我的写作计划与写作提纲提出意见；在本书写作的每一步，他都给予我莫大的鼓励；初稿完成后，他在仔细阅读的基础上，提出了非常宝贵的意见与建议。感谢我的另一位老朋友马里昂·布哈贾尔（Marion Buhagiar）先生，他对本书原稿进行了严格的校读，并在修改和编辑过程中给予了我很大的帮助。感谢安·艾德尔曼（Ann Adelman）在本书的句法结构、流畅性等方面所做的润色，她在语言上的灵性为本书增添了一抹亮彩。感谢密歇根州弗林特通用汽车工程管理学院（GMI，Engineering & Management Institute）的罗纳德·格林伍德（Ronald Greenwood）教授，他是"科学管理之父"弗雷德里克·温斯洛·泰勒的传记作者，他对本书第 1 章中我对泰勒及其"科学管理"的评论进行了逐字逐句的阅读。本书第 6 章最后一节的成文，要归功于《仆人式领导》（*Servant Leadership*，1977 年，Paulist 出版社）一书的作者罗伯特·格林利夫（Robert Greenleaf）、《领导力是一门艺术》（*Leadership as an Art*，1990 年，Doubleday 出版社）一书的作者马克斯·德普雷（Max de Pree），以及加州帕萨迪纳福乐神学院院长戴维·艾伦·哈柏（David Allan Hubbard）。没有和他们三人的多次讨论，本书就不能最终定稿。最后，还要感谢我的私人助理霍利·豪克（Holly Hauck），在长达一年之久的时间里，她几乎每天都要面对我那糟糕的字体。

　　谨向他们中的每一位，献上我最诚挚的谢意！

彼得·德鲁克

1992 年感恩节于美国加利福尼亚州克莱蒙特

段永朝　苇草智酷创始合伙人、信息社会 50 人论坛执行主席

德鲁克这本书出版时就很轰动，的确是一本精彩绝伦的好书。思想的影响力可以穿越时代。德鲁克卓越的洞察力，在这本《知识社会》中一览无余。这是一本值得反复诵读、仔细思考的伟大著作，未来的组织、未来的国家和未来的社会机构，都将在知识的生产、再生产中重新塑造。

樊登　樊登读书创办人

德鲁克说知识将成为社会最重要的资源。"知识人"将组织视为一种工具，通过这种工具，他们才能运用自己的技术，也就是自己的专业知识，而"经理人"则将运用知识视作实现组织运营目的的一种手段。德鲁克为我们敲响了警钟，每一位关心未来的"知识人"都应该读一读这本书。

林采宜　博士、中国首席经济学家论坛研究院副院长

在资本主导的社会之后，是知识主导的社会，知识放大了自然资源、劳动力和资本的功效，它不仅是社会生产力提高的催化剂，同时也是整个社会福利增长的酵母。德鲁克在《知识社会》中预见了未来一个世纪人类生产关系的变化趋势。

周濂　著名学者、中国人民大学哲学院教授

　　即使冠以现代管理学之父的头衔，依然把德鲁克看"小"了。作为 19
世纪末 20 世纪初维也纳文化圈培育出来的"博雅之人"，德鲁克始终关注
人类价值、梦想和信仰等基本问题。他最令人佩服的地方在于，他总是能
于无声处听惊雷，在草灰蛇线中洞若观火地预见人类文明的未来走势。这
本初版于 1992 年的《知识社会》亦不例外，通过分析社会、国家与知
识，德鲁克再一次向我们展示了大师级的思想技艺，至今读来仍然引人
深思。

《福布斯》杂志

　　本书对当下世界正在发生的主要变革进行了积极的探索和深刻的分
析，展现了这些变革将如何影响社会、经济、商业与政治。同时，这些探
索与分析解释了我们如何从一个基于资本、土地和劳动力的社会，转向一
个以知识作为主要资源、以组织作为核心结构的社会。这可能是他最棒的
作品。

《纽约时报》商业评论

　　这位独一无二的思想家……以他独特的洞察力引起了世人的关注，这
种洞察力在历史长河中留下了浓墨重彩的一笔。

《经济学人》杂志

　　这部著作具有独创的洞察力……作者向世人提出了许多引人入胜和极
其重要的问题。

罗莎贝斯·莫斯·坎特（Rosabeth Moss kanter）哈佛商学院

这部著作的视野和洞察力令人叹为观止……这是迄今为止有关"知识社会"如何从地缘政治到工作场所改变我们的世界和生活的各个角落的最好诠释。

沃尔特　B. 瑞斯顿（Walter B. Wriston）花旗银行前董事长

彼得·德鲁克对当今及未来工作社会的趋势和力量的洞察力，不仅令人着迷并颇具指导意义，而且一旦忽视它，必将处于危险的境地。

彼得·德鲁克全集

序号	书名	要点提示
1	工业人的未来 The Future of Industrial Man	工业社会三部曲之一，帮助读者理解工业社会的基本单元——企业及其管理的全貌
2	公司的概念 Concept of the Corporation	工业社会三部曲之一揭示组织如何运行，它所面临的挑战、问题和遵循的基本原理
3	新社会 The New Society：The Anatomy of Industrial Order	工业社会三部曲之一，堪称一部预言，书中揭示的趋势在短短10几年都变成了现实，体现了德鲁克在管理、社会、政治、历史和心理方面的高度智慧
4	管理的实践 The Practice of Management	德鲁克因为这本书开创了管理"学科"，奠定了现代管理学之父的地位
5	已经发生的未来 Landmarks of Tomorrow：A Report on the New "Post-Modern" World	论述了"后现代"新世界的思想转变，阐述了世界面临的四个现实性挑战，关注人类存在的精神实质
6	为成果而管理 Managing for Results	探讨企业为创造经济绩效和经济成果，必须完成的经济任务
7	卓有成效的管理者 The Effective Executive	彼得·德鲁克最为畅销的一本书，谈个人管理,包含了目标管理与时间管理等决定个人是否能卓有成效的关键问题
8 ☆	不连续的时代 The Age of Discontinuity	应对社会巨变的行动纲领，德鲁克洞察未来的巅峰之作
9 ☆	面向未来的管理者 Preparing Tomorrow's Business Leaders Today	德鲁克编辑的文集，探讨商业系统和商学院五十年的结构变化，以及成为未来的商业领袖需要做哪些准备
10 ☆	技术与管理 Technology，Management and Society	从技术及其历史说起，探讨从事工作之人的问题，旨在启发人们如何努力使自己变得卓有成效
11 ☆	人与商业 Men，Ideas，and Politics	侧重商业与社会，把握根本性的商业变革、思想与行为之间的关系，在结构复杂的组织中发挥领导力
12	管理：使命、责任、实践（实践篇） Management:Tasks,Responsibilities,Practices	
13	管理：使命、责任、实践（使命篇） Management:Tasks,Responsibilities,Practices	为管理者提供一套指引管理者实践的条理化"认知体系"
14	管理：使命、责任、实践（责任篇） Management:Tasks,Responsibilities,Practices	
15	养老金革命 The Pension Fund Revolution	探讨人口老龄化社会下，养老金革命给美国经济带来的影响
16	人与绩效：德鲁克论管理精华 People and Performance: The Best of Peter Drucker on Management	广义文化背景中，管理复杂而又不断变化的维度与任务，提出了诸多开创性意见
17 ☆	认识管理 An Introductory View of Management	德鲁克写给步入管理殿堂者的通识入门书
18	德鲁克经典管理案例解析（纪念版） Management Cases(Revised Edition)	提出管理中10个经典场景，将管理原理应用于实践

彼得·德鲁克全集

序号	书名	要点提示
19	旁观者：管理大师德鲁克回忆录 Adventures of a Bystander	德鲁克回忆录
20	动荡时代的管理 Managing in Turbulent Times	在动荡的商业环境中，高管理层、中级管理层和一线主管应该做什么
21 ☆	迈向经济新纪元 Toward the Next Economics and Other Essays	社会动态变化及其对企业等组织机构的影响
22 ☆	时代变局中的管理者 The Changing World of the Executive	管理者的角色内涵的变化、他们的任务和使命、面临的问题和机遇以及他们的发展趋势
23	最后的完美世界 The Last of All Possible Worlds	德鲁克生平仅著两部小说之一
24	行善的诱惑 The Temptation to Do Good	德鲁克生平仅著两部小说之一
25	创新与企业家精神 Innovation and Entrepreneurship:Practice and Principles	探讨创新的原则，使创新成为提升绩效的利器
26	管理前沿 The Frontiers of Management	德鲁克对未来企业成功经营策略和方法的预测
27	管理新现实 The New Realities	理解世界政治、政府、经济、信息技术和商业的必读之作
28	非营利组织的管理 Managing the Non-Profit Organization	探讨非营利组织如何实现社会价值
29	管理未来 Managing for the Future:The 1990s and Beyond	解决经理人身边的经济、人、管理、组织等企业内外的具体问题
30 ☆	生态愿景 The Ecological Vision	对个人与社会关系的探讨，对经济、技术、艺术的审视等
31 ☆	知识社会 Post-Capitalist Society	探索与分析了我们如何从一个基于资本、土地和劳动力的社会，转向一个以知识作为主要资源、以组织作为核心结构的社会
32	巨变时代的管理 Managing in a Time of Great Change	德鲁克探讨变革时代的管理与管理者、组织面临的变革与挑战、世界区域经济的力量和趋势分析、政府及社会管理的洞见
33	德鲁克看中国与日本：德鲁克对话"日本商业圣手"中内功 Drucker on Asia	明确指出了自由市场和自由企业，中日两国等所面临的挑战，个人、企业的应对方法
34	德鲁克论管理 Peter Drucker on the Profession of Management	德鲁克发表于《哈佛商业评论》的文章精心编纂，聚焦管理问题的"答案之书"
35	21世纪的管理挑战 Management Challenges for the 21st Century	德鲁克从6大方面深刻分析管理者和知识工作者个人正面临的挑战
36	德鲁克管理思想精要 The Essential Drucker	从德鲁克60年管理工作经历和作品中精心挑选、编写而成，德鲁克管理思想的精髓
37	下一个社会的管理 Managing in the Next Society	探讨管理者如何利用这些人口因素与信息革命的巨变，知识工作者的崛起等变化，将之转变成企业的机会
38	功能社会：德鲁克自选集 A Functioning society	汇集了德鲁克在社区、社会和政治结构领域的观点
39 ☆	德鲁克演讲实录 The Drucker Lectures	德鲁克60年经典演讲集锦，感悟大师思想的发展历程
40	管理(原书修订版) Management(Revised Edition)	融入了德鲁克于1974~2005年间有关管理的著述
41	卓有成效管理者的实践（纪念版） The Effective Executive in Action	一本教你做正确的事，继而实现卓有成效的日志笔记本式作品

注：序号有标记的书是新增引进翻译出版的作品